관광중국어 마스터

공항종사자 면세점종사자 편

저자의 말

항공 산업의 지속적인 발전과 함께 많은 항공사의 출현으로 전 세계가 점점 더 가까워지고 있습니다. 다른 나라를 방문하는 경험에 있어 항공기 탑승은 단순한 이동 수단의 의미를 넘어 여정의 첫걸음이자 방문국의 첫인상을 결정짓는 역할을 합니다. 따라서 항공기 내 안전과 서비스를 책임지는 항공 객실 승무원은 민간 외교 제일선을 담당하고 있다 해도 과언이 아닙니다. 매년 많은 수의 중국인이 한국을 방문하고 있으며, 한국과 중국을 잇는 항공 노선의 신규 취항 및 재운항 등의 영향으로 한국을 방문하는 중국인은 점점 더 증가하는 추세입니다. 이에 따라 항공 객실 승무원의 중국어 실력은 원활한 업무 수행을 위한 핵심 역량으로 평가받고 있으며, 선택이 아닌 필수가 되었습니다.

이처럼 항공·공항 서비스 분야에서 중국어 역량이 날로 강조되고 있어, 이에 걸맞은 중국어 실력을 배양할 수 있도록 도울 『관광중국어 마스터-공항종사자·면세점종사자편』을 집필하게 되었습니다. 본 교재는 공항에서의 출국 수속부터 도착한 방문국 입국 수속까지 항공 여정의 모든 상황을 챕터별로 다루며, 그 사이 이루어지는 승객과 직원의 대화를 실제 현장 상황과 가장 유사한 회화문으로 구성하여 제시합니다. 이어지는 '단어 익히기'에서는 회화 본문에서 다뤄진 주요 단어를 예문을 통해 다시 한번 익히고, '표현 들여다보기'를 통해 핵심 어법 포인트를 학습할 수 있습니다. '실력 향상하기'에서는 배운 내용을 문제로 확인합니다. 나아가 회화 본문 외에 현장에서 자주 사용하는 표현 및 단어를 '확장 표현 더하기', '플러스 단어' 코너에서 추가로 제시하여, 심화 학습도 가능하도록 구성하였습니다. 다년간의 현장 경험을 바탕으로 항공 객실 서비스 영역뿐만 아니라 공항, 면세점 등 항공 산업 전반의 다양한 분야에서 활용할 수 있도록 공을 들여 만든 교재라고 할 수 있습니다.

이 책이 항공 산업 분야 예비 종사자와 현직 종사자에게 도움이 되길 간절히 바라며, 도움을 주신 다락원 중국어출판부에 감사드립니다.

저자 일동

이 책의 구성

『관광중국어 마스터–공항종사자·면세점종사자편』은 세 권으로 이루어진 『관광중국어 마스터』 시리즈 중 하나입니다. 탑승 수속을 시작으로 승객이 기내에 탑승하여 하기 시까지의 객실 서비스 과정을 비롯하여 면세점 이용 및 세관 검사와 환승까지, 공항과 기내에서 일어날 수 있는 다양한 상황을 회화로 제시하여 실제 업무에서 필요한 중국어 표현을 학습할 수 있도록 했습니다. 또한 공항과 관련된 최신 정보와 상식도 함께 학습할 수 있습니다.

◀ 회화 학습하기 & 단어 익히기

매 과마다 두 개의 회화 본문이 제시됩니다. 실제로 맞닥뜨릴 수 있는 상황으로 구성한 자연스럽고 실용적인 표현을 학습할 수 있습니다. '단어 익히기'에서는 '회화 학습하기'에 등장한 주요 단어를 바로 확인할 수 있습니다. 또한 주요 단어를 활용한 예문을 통해 해당 단어가 다른 문장에서 어떻게 활용되는지 확인해 보세요.

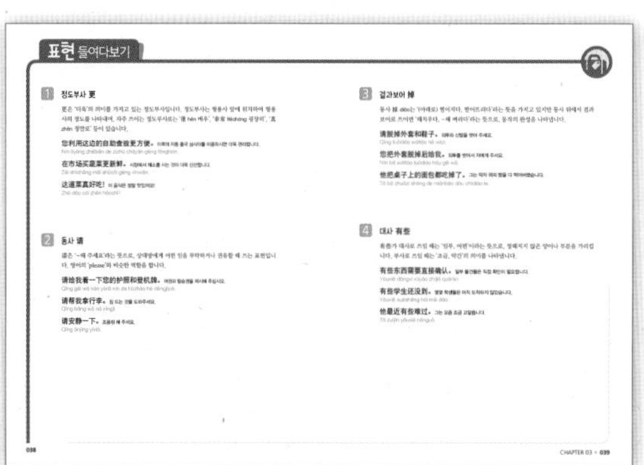

◀ 표현 들여다보기

회화 본문의 핵심 표현과 관련된 어법 지식을 예문과 함께 설명합니다.

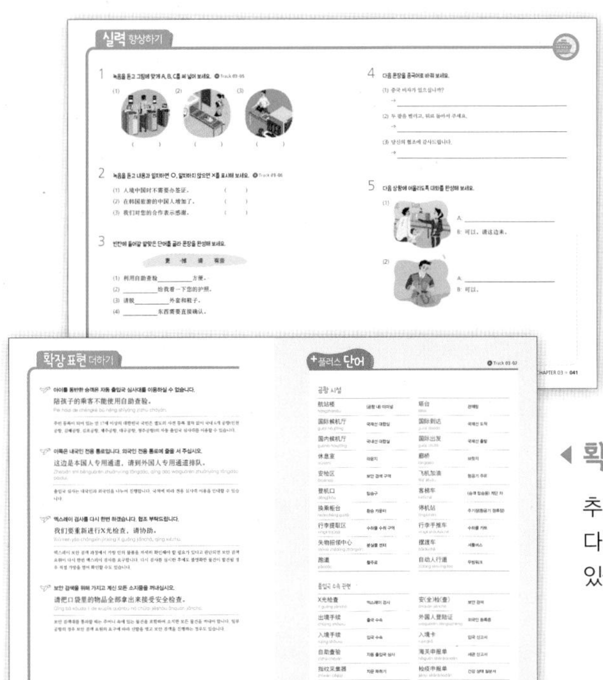

◀ 실력 향상하기

듣기, 쓰기, 말하기 영역을 고루 다룬 문제를 통해 회화 본문의 내용을 잘 이해했는지 확인해 보고, 실력을 한 단계 높일 수 있습니다.

◀ 확장 표현 더하기 & 플러스 단어

추가로 알아두면 좋을 표현과 단어를 정리했습니다. 다양한 단어와 표현을 학습하여 표현력을 높일 수 있습니다.

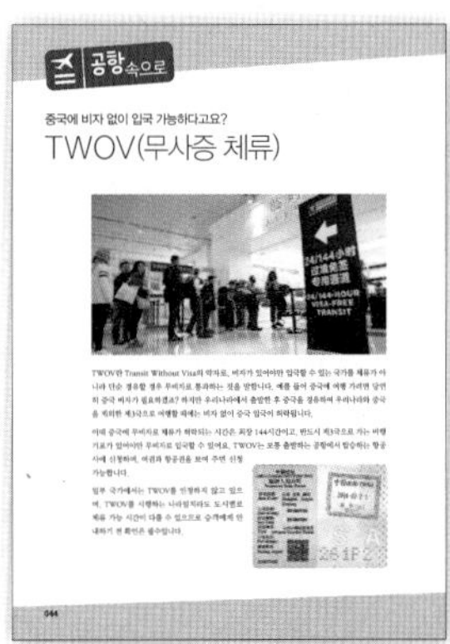

공항 속으로 ▶

공항 및 항공 서비스 이용과 관련된 최신 정보를 소개하는 코너입니다. 중국어 실력과 함께 공항 관련 실전 지식을 쌓아 보세요.

◀ 부록 - 해석 및 모범 답안

'회화 학습하기'의 해석과 '실력 향상하기'의 모범 답안, 녹음 대본이 제공됩니다. 먼저 스스로 답안을 작성해 본 후 모범 답안과 비교하며 실력을 향상해 보세요.

차례

일러두기

중국의 지명은 중국어 발음을 우리말로 표기하였습니다.

예 上海 상하이 北京 베이징

중국어의 품사는 다음과 같은 약어로 표기하였습니다.

명사	명	조사	조	접속사	접
동사	동	개사	개	조동사	조동
형용사	형	부사	부	감탄사	감
대사	대	수사	수	고유명사	고유
양사	양	수량사	수량	접두사	접두

MP3 음원 안내

MP3 음원은 다락원 홈페이지(www.darakwon.co.kr)와 콜롬북스 APP을 통해 무료로 다운로드할 수 있습니다. 스마트폰으로 QR코드를 스캔하면 MP3 다운로드 및 실시간 재생 가능한 페이지로 바로 연결됩니다.

CHAPTER

01

탑승 수속

회화 학습하기 1

항공권 구매 Track 01-01

A 你好！我要预订3月5号飞往[1]上海的机票。
Nǐ hǎo! Wǒ yào yùdìng sān yuè wǔ hào fēi wǎng Shànghǎi de jīpiào.

B 您好！您要订往返的机票吗？
Nín hǎo! Nín yào dìng wǎngfǎn de jīpiào ma?

A 不是。我只要订单程机票。
Bú shì. Wǒ zhǐyào dìng dānchéng jīpiào.

B 好的。您要订哪个舱位[2]的座位？
Hǎo de. Nín yào dìng nǎge cāngwèi de zuòwèi?

A 我要买经济舱的机票。
Wǒ yào mǎi jīngjìcāng de jīpiào.

B 请出示您的护照。
Qǐng chūshì nín de hùzhào.

항공권 예약 처리 후

B 我已经为您预订好了3月5日飞往上海的
Wǒ yǐjīng wèi nín yùdìng hǎo le sān yuè wǔ rì fēi wǎng Shànghǎi de

SC5123航班。
SC wǔ yāo èr sān hángbān.

A 谢谢。
Xièxie.

단어 익히기 1

Track 01-02

预订 yùdìng 동 예약하다

我已经预订好了机票。
Wǒ yǐjīng yùdìng hǎo le jīpiào.
나는 이미 항공권 예약을 마쳤습니다.

机票 jīpiào 명 비행기표, 항공권

再次确认一下机票带好。
Zàicì quèrèn yíxià jīpiào dàihǎo.
비행기표를 잘 가지고 있는지 다시 한번 확인하세요.

往返 wǎngfǎn 동 왕복하다

往返需要多长时间?
Wǎngfǎn xūyào duō cháng shíjiān?
왕복으로 얼마나 걸리나요?

单程 dānchéng 명 편도

仁川到上海单程820公里。
Rénchuān dào Shànghǎi dānchéng bābǎi èrshí gōnglǐ.
인천에서 상하이까지는 편도로 820km입니다.

经济舱 jīngjìcāng 명 일반석

您的座位在经济舱第一排。
Nín de zuòwèi zài jīngjìcāng dì yī pái.
당신의 좌석은 일반석의 첫 번째 열입니다.

出示 chūshì 동 제시하다

请出示一下出入证。
Qǐng chūshì yíxià chūrùzhèng.
출입증을 제시해 주세요.

护照 hùzhào 명 여권

护照的有效期已到期了。
Hùzhào de yǒuxiàoqī yǐ dàoqī le.
여권의 유효기간이 이미 만료되었습니다.

航班 hángbān 명 항공편, 항편

航班号是多少?
Hángbānhào shì duōshao?
항공기 편명이 어떻게 됩니까?

회화 학습하기 2

발권 및 좌석 지정 Track 01-03

A 请问，新春航空公司在这里办理登机手续，对吗?
Qǐngwèn, Xīnchūn Hángkōng Gōngsī zài zhèlǐ bànlǐ dēngjī shǒuxù, duì ma?

B 您好! 对的。请出示您的护照和机票。
Nín hǎo! Duì de. Qǐng chūshì nín de hùzhào hé jīpiào.

A 好的。我可以坐在靠窗的座位吗?
Hǎo de. Wǒ kěyǐ zuò zài kào chuāng de zuòwèi ma?

B 可以。我帮您安排窗口位[3]。
Kěyǐ. Wǒ bāng nín ānpái chuāngkǒu wèi.

잠시 후

B 登机手续都办好[4]了。
Dēngjī shǒuxù dōu bànhǎo le.

您的航班是从仁川到上海的SC5123。
Nín de hángbān shì cóng Rénchuān dào Shànghǎi de SC wǔ yāo èr sān.

登机口在第二航站楼130号，
Dēngjīkǒu zài dì èr hángzhànlóu yìbǎi sānshí hào,

登机时间是早上9点05分。
dēngjī shíjiān shì zǎoshang jiǔ diǎn líng wǔ fēn.

8点40分开始登机，请您准时登机。
Bā diǎn sìshí fēn kāishǐ dēngjī, qǐng nín zhǔnshí dēngjī.

단어 익히기 ②

Track 01-04

办理 bànlǐ 동 처리하다, (수속 등을) 밟다

您现在需要办理手续吗?
Nín xiànzài xūyào bànlǐ shǒuxù ma?
지금 수속을 하시겠습니까?

登机 dēngjī 동 (비행기에) 탑승하다

乘客正在登机。
Chéngkè zhèngzài dēngjī.
승객이 탑승 중입니다.

手续 shǒuxù 명 수속, 절차

入学手续大概要一个月。
Rùxué shǒuxù dàgài yào yí ge yuè.
입학 수속은 대략 한 달 정도 걸립니다.

靠 kào 동 기대다, 의지하다

行人靠右边走。
Xíngrén kào yòubian zǒu.
보행자는 우측으로 가세요.

安排 ānpái 동 안배하다, 배치하다

我帮你安排旅行日程。
Wǒ bāng nǐ ānpái lǚxíng rìchéng.
제가 여행 일정 짜는 것을 도와줄게요.

办 bàn 동 (일 따위를) 하다, 처리하다

您要去中国旅游的话，
需要办签证。
Nín yào qù Zhōngguó lǚyóu dehuà,
xūyào bàn qiānzhèng.
중국으로 여행을 가려면 비자를 발급받아야 합니다.

航站楼 hángzhànlóu 명 (공항 내) 터미널

国内航线要去第二航站楼。
Guónèi hángxiàn yào qù dì èr hángzhànlóu.
국내선은 제2터미널로 가야 합니다.

准时 zhǔnshí 부 정시에, 제때

你别迟到。要准时到机场。
Nǐ bié chídào. Yào zhǔnshí dào jīchǎng.
늦지 마세요. 제시간에 공항에 도착해야 해요.

표현 들여다보기

1 飞往……

항공기를 이용한 여정에서 도착지는 '비행하다'라는 뜻의 飞와 '~쪽으로, ~로 향하다'라는 뜻의 往을 결합하여 '飞往+도착지'로 표현할 수 있습니다. 동작의 방향을 나타내는 표현으로 往 대신 到 dào를 사용하기도 합니다.

我要预订3月5号飞往上海的机票。 3월 5일 상하이로 가는 비행기표를 예약하려고 합니다.
Wǒ yào yùdìng sān yuè wǔ hào fēi wǎng Shànghǎi de jīpiào.

飞往首尔的航班每天有几班? 서울로 가는 항공편은 매일 몇 편 있습니까?
Fēi wǎng Shǒu'ěr de hángbān měitiān yǒu jǐ bān?

为了参加会议，她飞到了北京。
Wèile cānjiā huìyì, tā fēi dào le Běijīng.
회의에 참가하기 위해, 그녀는 비행기를 타고 베이징에 도착했습니다.

2 舱位

舱은 항공기의 객실이나 배의 선실 등을 가리키는 표현이며, 舱位는 객실의 위치, 즉 좌석 등급을 의미합니다.

您要订哪个舱位的座位? 어느 클래스의 좌석으로 예약해 드릴까요?
Nín yào dìng nǎge cāngwèi de zuòwèi?

항공기의 좌석 등급은 다음과 같이 표현합니다.

头等舱 tóuděngcāng 일등석, 퍼스트 클래스

公务舱 gōngwùcāng / **商务舱** shāngwùcāng 프레스티지석, 비즈니스 클래스

经济舱 jīngjìcāng / **普通舱** pǔtōngcāng 일반석, 이코노미 클래스

您的座位在公务舱最后一排。 손님의 좌석은 비즈니스 클래스의 가장 마지막 열입니다.
Nín de zuòwèi zài gōngwùcāng zuìhòu yì pái.

3 窗口位

객실 내의 창가 쪽 좌석을 의미합니다. 좀 더 편안한 항공 여정을 위하여 창가 쪽 좌석, 비상구 좌석, 객실의 가장 앞 열 또는 가장 마지막 열 좌석을 선호하는 승객이 많습니다.

我帮您安排窗口位。 창가 쪽 좌석으로 배정해 드리겠습니다.
Wǒ bāng nín ānpái chuāngkǒu wèi.

我要坐在紧急出口座位。 저는 비상구 좌석에 앉고 싶습니다.
Wǒ yào zuò zài jǐnjí chūkǒu zuòwèi.

我要坐在最前面的一排。 저는 가장 앞 열에 앉고 싶습니다.
Wǒ yào zuò zài zuì qiánmiàn de yì pái.

4 결과보어 好

결과보어는 동사 뒤에 놓여 동작의 결과를 보충 설명합니다. 好가 결과보어로 쓰이면 어떠한 동작이 잘 완성되었거나 만족할 만한 상태에 이르렀음을 나타냅니다. '(서류 발급 등) 어떤 일을 처리하다'라는 뜻의 동사 办과 함께 쓰인 办好了는 '어떤 일이 잘 처리되었다'라는 의미로 자주 사용됩니다. 부정의 의미를 나타낼 때에는 동사 앞에 '~않다'라는 뜻의 부사 没 méi를 붙입니다.

登机手续都办好了。 탑승 수속이 모두 처리되었습니다.
Dēngjī shǒuxù dōu bànhǎo le.

作业都做好了。 숙제를 다 했습니다.
Zuòyè dōu zuòhǎo le.

作业还没做好。 아직 숙제를 다 못했습니다.
Zuòyè hái méi zuòhǎo.

실력 향상하기

1 녹음을 듣고 그림에 맞게 A, B, C를 써 넣어 보세요. Track 01-05

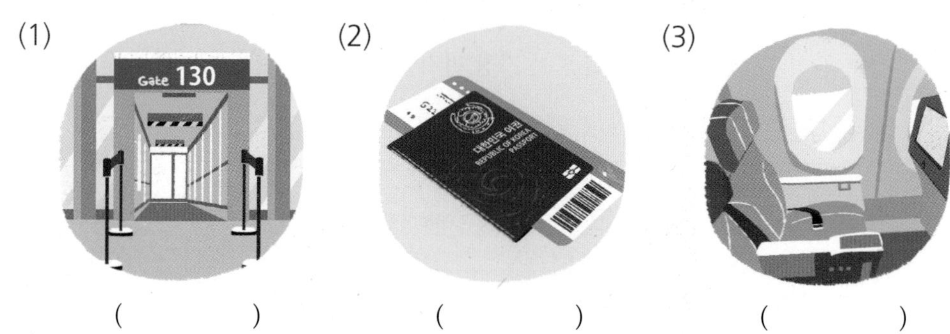

(1) (　　　)　(2) (　　　)　(3) (　　　)

2 녹음을 듣고 내용과 일치하면 O, 일치하지 않으면 X를 표시해 보세요. Track 01-06

(1) 您的座位在经济舱最后一排。 (　　　)

(2) 我已经预订好了机票。 (　　　)

(3) 国内航线要去第三航站楼。 (　　　)

3 빈칸에 들어갈 알맞은 단어를 골라 문장을 완성해 보세요.

窗口　准时　飞往　好

(1) ________首尔的航班每天有几班?

(2) 我帮您安排________位。

(3) 作业都做________了。

(4) 8点40分开始登机，请您________登机。

4 다음 문장을 중국어로 바꿔 보세요.

(1) 저는 3월 5일 상하이로 가는 비행기표를 예약하려고 합니다.

→ ______________________________

(2) 여권과 탑승권을 제시해 주십시오.

→ ______________________________

(3) 탑승 수속이 모두 처리되었습니다.

→ ______________________________

5 다음 상황에 어울리도록 대화를 완성해 보세요.

(1)

A: 您要订往返的机票吗?

B: ______________________________

(2)

A: 您要订哪个舱位的座位?

B: ______________________________

확장 표현 더하기

셀프 체크인 키오스크를 이용하여 신속하게 발권이 가능합니다.

利用自助值机可以快速出票。

Lìyòng zìzhù zhíjī kěyǐ kuàisù chūpiào.

많은 여행객이 공항을 이용하는 시간대나 휴가철의 경우, 셀프 체크인 키오스크를 이용하면 수속 대기 시간을 줄이고 신속하게 발권할 수 있습니다. 발권을 위해 대기하는 여행객에게 키오스크를 안내합니다.

왕복 항공권을 구매하고 싶습니다. 귀국편 날짜는 아직 정해지지 않았어요.

我要买往返机票，回程日期还没定。

Wǒ yào mǎi wǎngfǎn jīpiào, huíchéng rìqī hái méi dìng.

항공권을 구매할 때 출발편과 귀국편을 각각 편도로 구매하면 왕복 항공권을 구매하는 것보다 값이 비쌉니다. 귀국 날짜가 확정되지 않은 경우에는 왕복 항공권을 구매하되 귀국편의 날짜가 확정되지 않은 오픈 티켓으로 구매가 가능합니다.

신춘항공 SC5123 항편은 다락항공 DL2123 항편과 코드쉐어입니다.

新春航空SC5123航班与多乐航空DL2123航班代码共享。

Xīnchūn Hángkōng SC wǔ yāo èr sān hángbān yǔ Duōlè Hángkōng DL èr yāo èr sān hángbān dàimǎ gòngxiǎng.

코드쉐어는 하나의 항편에 여러 항공사가 좌석을 판매하는 형식으로, 공동운항이라고도 합니다. 구매한 항공권의 항공사가 타 항공사와 공동운항 협정을 맺은 경우, 타 항공사 항공기를 탑승하게 될 수도 있습니다.

단체 여행객입니까? 단체 여행객 전용 수속 데스크에서 수속하십시오.

您是跟旅游团一起去的吗？在团体专用柜台办理登机手续。

Nín shì gēn lǚyóutuán yìqǐ qù de ma? Zài tuántǐ zhuānyòng guìtái bànlǐ dēngjī shǒuxù.

동일한 항편의 항공권 수속이라도 단체 여행객을 위한 발권 수속 데스크가 따로 마련되어 있습니다. 수속 대기 중인 승객 중 단체 여행객을 분류하여 해당 데스크로 안내하면 신속한 발권을 도울 수 있습니다.

Track 01-07

주요 항공사 중국어 명칭 및 2 LETTER CODE

大韩航空 Dàhán Hángkōng	대한항공, KE	中国国际航空 Zhōngguó Guójì Hángkōng	중국국제항공, CA
韩亚航空 Hányà Hángkōng	아시아나항공, OZ	中华航空 Zhōnghuá Hángkōng	중화항공, CI
济州航空 Jìzhōu Hángkōng	제주항공, 7C	海南航空 Hǎinán Hángkōng	하이난항공, HU
真航空 Zhēn Hángkōng	진에어, LJ	春秋航空 Chūnqiū Hángkōng	춘추항공, 9C
德威航空 Déwēi Hángkōng	티웨이항공, TW	长荣航空 Chángróng Hángkōng	에바항공, BR
易斯达航空 Yìsīdá Hángkōng	이스타항공, ZE	国泰航空 Guótài Hángkōng	캐세이퍼시픽항공, CX
首尔航空 Shǒu'ěr Hángkōng	에어서울, RS	新加坡航空 Xīnjiāpō Hángkōng	싱가포르항공, SQ
釜山航空 Fǔshān Hángkōng	에어부산, BX	达美航空 Dáměi Hángkōng	델타항공, DL
中国东方航空 Zhōngguó Dōngfāng Hángkōng	중국동방항공, MU	法国航空 Fǎguó Hángkōng	에어프랑스, AF
中国南方航空 Zhōngguó Nánfāng Hángkōng	중국남방항공, CZ	阿联酋航空 Āliánqiú Hángkōng	에미레이트항공, EK

3 LETTER AIRPORT CODE

도시	코드	도시	코드	도시	코드	도시	코드
서울/인천	ICN	베이징	PEK	워싱턴	IAD	런던	LHR
서울/김포	GMP	광저우	CAN	뉴욕	JFK	파리	CDG
부산/김해	PUS	상하이/홍차오	SHA	샌프란시스코	SFO	로마	FCO
제주	CJU	상하이/푸동	PVG	토론토	YYZ	마드리드	MAD

* 한 도시에 여러 개의 공항이 있는 경우, 대표 공항 코드를 표시함.

공항속으로

항공권에 담긴 정보, 얼마나 알고 계신가요?

항공권 파헤쳐 보기

항공권에는 생각보다 많은 정보가 포함되어 있습니다. 항공사명, 탑승자의 영문명, 항공기 편명, 좌석 등급, 출발지, 도착지, 운항 일시, 탑승구, 탑승 시각, 항공권 번호 등의 정보를 담고 있으며, 이 정보들은 모두 간단한 코드(CODE) 형식으로 기재되어 있습니다.

항공 운항과 관련하여 사용되는 코드는 IATA(국제항공운송협회)에서 부여하는데 항공사를 나타내는 2 LETTER CODE, 항공기가 취항하는 모든 도시를 나타내는 3 LETTER CITY CODE, 공항을 나타내는 3 LETTER AIRPORT CODE가 있습니다. 이 코드를 이해하면 항공권 안에 담긴 정보를 한눈에 파악할 수 있습니다. 예를 들어 항공권에 항공편 MU1234, 출발지 ICN, 도착지 SHA라고 적혀 있다면, 이 항공권으로는 인천공항(ICN)을 출발하여 상하이 홍차오공항(SHA)으로 가는 동방항공(MU) 1234항편에 탑승한다는 의미입니다.

또한 항공권에는 탑승 시각과 출발 시각이 각각 적혀 있습니다. 탑승 시각은 모든 승객이 탑승을 마치고 항공기의 도어를 닫는 시간입니다. 보통 탑승 시각 20분 전에 탑승을 시작하며, 탑승 시각 10~20분 후에 항공기가 이륙합니다. 이 시간이 곧 출발 시각입니다. 만약 탑승 시각부터 이륙까지의 시간이 불가피한 사유 없이 과도하게 길어지면 이는 항공사의 엄중 과실에 해당합니다. 신속 정확한 탑승 안내와 이륙 준비는 항공사의 중요한 역할이기 때문입니다.

CHAPTER

02

위탁 수하물

회화 학습하기 1

조과 수하물 요금 안내 Track 02-01

A 早上好。你有要托运的行李吗?
Zǎoshang hǎo. Nǐ yǒu yào tuōyùn de xíngli ma?

B 我要托运一个行李箱。
Wǒ yào tuōyùn yí ge xínglixiāng.

A 请把[1]它放在上面。
Qǐng bǎ tā fàng zài shàngmiàn.

B 这个小行李箱能带上飞机吧?
Zhège xiǎo xínglixiāng néng dài shàng fēijī ba?

A 对不起，那件行李也超过了允许带入机内物品标准，
Duìbuqǐ, nà jiàn xíngli yě chāoguò le yǔnxǔ dàirù jīnèi wùpǐn biāozhǔn,

两个都要托运的。
liǎng ge dōu yào tuōyùn de.

B 好的。我知道了。
Hǎo de. Wǒ zhīdào le.

A 各件不能超过23公斤，您要付200块人民币[2]。
Gè jiàn bù néng chāoguò èrshísān gōngjīn, nín yào fù liǎngbǎi kuài rénmínbì.

B 是吗? 那我要用现金支付。
Shì ma? Nà wǒ yào yòng xiànjīn zhīfù.

단어 익히기 ①

Track 02-02

托运 tuōyùn 동 운송을 위탁하다, 탁송하다

这件行李太大了，应该要托运。
Zhè jiàn xíngli tài dà le, yīnggāi yào tuōyùn.
이 짐은 너무 커서 반드시 탁송해야 합니다.

行李 xíngli 명 여행 짐, 수하물

你带了几件行李?
Nǐ dài le jǐ jiàn xíngli?
당신은 몇 개의 짐을 가지고 왔습니까?

放 fàng 동 놓다, 두다

我不知道汉语课本放哪儿了。
Wǒ bù zhīdào Hànyǔ kèběn fàng nǎr le.
저는 중국어 교과서를 어디에 두었는지 모르겠어요.

超过 chāoguò 동 초과하다

他在这公司工作已经超过10年了。
Tā zài zhè gōngsī gōngzuò yǐjīng chāoguò shí nián le.
그는 이 회사에서 일한 지 10년이 넘었습니다.

允许 yǔnxǔ 동 허가하다

你应该得到父母的允许。
Nǐ yīnggāi dédào fùmǔ de yǔnxǔ.
당연히 부모님의 허락을 받아야 합니다.

标准 biāozhǔn 명 표준, 기준

应该按照标准来处理。
Yīnggāi ànzhào biāozhǔn lái chǔlǐ.
기준에 맞춰 처리해야 합니다.

现金 xiànjīn 명 현금

最近在商店不需要用现金。
Zuìjìn zài shāngdiàn bù xūyào yòng xiànjīn.
요즘은 상점에서 현금을 쓸 필요가 없어요.

支付 zhīfù 동 지불하다, 지급하다

这是需要另外支付的。
Zhè shì xūyào lìngwài zhīfù de.
이것은 별도의 지불이 필요합니다.

회화 학습하기 2

운송 제한 품목 안내 Track 02-03

A 您的行李箱里有打火机或装锂电池的电子设备吗?
Nín de xínglixiāng li yǒu dǎhuǒjī huò zhuāng lǐ diànchí de diànzǐ shèbèi ma?

B 有，箱子里有备用电池。
Yǒu, xiāngzi li yǒu bèiyòng diànchí.

A 根据[3]我们航空公司的规定，备用电池不能托运。
Gēnjù wǒmen hángkōng gōngsī de guīdìng, bèiyòng diànchí bù néng tuōyùn.

B 那我该怎么办?
Nà wǒ gāi zěnme bàn?

A 您必须将它拿出来带上飞机。
Nín bìxū jiāng tā ná chūlai dài shàng fēijī.

B 啊! 是吗?
À! Shì ma?

A 除了备用电池以外[4]，请把其他行李都托运。
Chúle bèiyòng diànchí yǐwài, qǐng bǎ qítā xíngli dōu tuōyùn.

B 明白了。
Míngbai le.

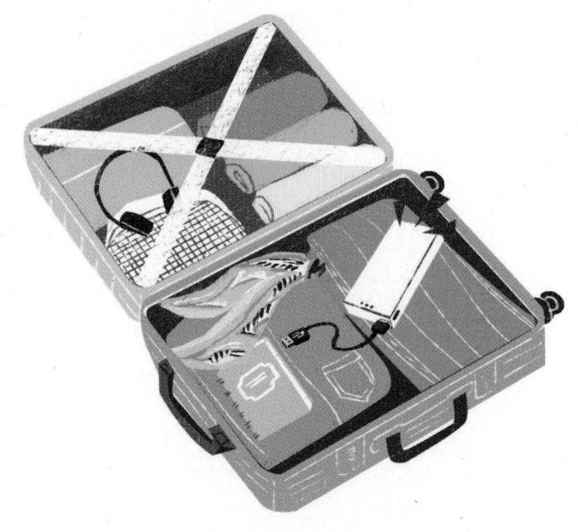

단어 익히기 2

Track 02-04

装 zhuāng 동 (물건을) 싣다, (화물을) 담다

体温表装水银，注意破碎。

Tǐwēnbiǎo zhuāng shuǐyín, zhùyì pòsuì.

체온계에 수은이 들어 있으니 파손에 주의하세요.

电池 diànchí 명 건전지, 배터리

这种电池可以充电。

Zhè zhǒng diànchí kěyǐ chōngdiàn.

이 종류의 배터리는 충전이 가능합니다.

设备 shèbèi 명 설비, 장비

电器设备坏了。

Diànqì shèbèi huài le.

전기 설비가 고장 났습니다.

备用 bèiyòng 동 준비해 두다, 비축하다

你有没有备用计划?

Nǐ yǒu méiyǒu bèiyòng jìhuà?

당신은 준비해 둔 계획이 있습니까?

规定 guīdìng 명 규정, 규칙 동 규정하다

我们要遵守公司的规定。

Wǒmen yào zūnshǒu gōngsī de guīdìng.

우리는 회사의 규정을 준수해야 합니다.

必须 bìxū 부 반드시 ~해야 한다

使用前必须确认注意事项。

Shǐyòng qián bìxū quèrèn zhùyì shìxiàng.

사용 전에 반드시 주의 사항을 확인해야 합니다.

拿 ná 동 (손으로) 잡다, 쥐다

我帮您拿行李。

Wǒ bāng nín ná xíngli.

제가 짐을 들어드리겠습니다.

표현 들여다보기

1 把자문

중국어의 기본 문장구조는 '주어+술어+목적어'인데, 개사 把를 사용하여 '주어+把+목적어+술어'로 바꾸어 표현할 수 있습니다. 把는 목적어를 술어 앞으로 오게 하고, 술어 동작의 처리를 강조하는 역할을 합니다. 把 대신 将 jiāng을 사용할 수 있는데 구어에서는 주로 把를, 서면어에서는 将을 사용합니다.

请把它放在上面。 그것을 위로 올려 주십시오.
Qǐng bǎ tā fàng zài shàngmiàn.

把那本书递给我。 그 책을 저에게 건네주세요.
Bǎ nà běn shū dì gěi wǒ.

请将这行李保管到明天早上。 이 짐을 내일 아침까지 보관해 주세요.
Qǐng jiāng zhè xíngli bǎoguǎn dào míngtiān zǎoshang.

2 人民币

중국 화폐 人民币 rénmínbì의 기본 단위는 元 yuán, 角 jiǎo, 分 fēn입니다. 구어에서는 일반적으로 元 대신 块 kuài, 角 대신 毛 máo를 사용합니다. 角(毛)나 分이 금액의 끝 단위인 경우 생략할 수 있습니다. 또 숫자 2는 양사 앞에서 단독으로 쓰이면 两 liǎng으로 읽고, 금액의 끝자리에 쓰이면 二 èr로 읽습니다.

10.34 **十块三毛四(分)**
shí kuài sān máo sì (fēn)

2.20 **两块二(毛)**
liǎng kuài èr (máo)

2.22 **两块两毛二(分)**
liǎng kuài liǎng máo èr (fēn)

12.03 **十二块零三(分)** ➡ 금액 중간에 '0'이 있으면 생략하지 않고 零 líng으로 읽음
shí'èr kuài líng sān (fēn)

3 개사 根据

'~에 근거하여'라는 뜻의 根据 뒤에는 반드시 명사구가 와야 합니다. 根据 뒤의 명사구를 기초로 하여 어떤 결론을 얻거나 행동함을 나타냅니다.

根据我们航空公司的规定，不能托运。 저희 항공사의 규정에 따라 탁송할 수 없습니다.
Gēnjù wǒmen hángkōng gōngsī de guīdìng, bù néng tuōyùn.

根据天气预报，明天要下雨。 일기 예보에 따르면 내일은 비가 올 것입니다.
Gēnjù tiānqì yùbào, míngtiān yào xià yǔ.

根据他们的意见，把计划改一下。 그들의 의견에 따라 계획을 좀 수정하겠습니다.
Gēnjù tāmen de yìjiàn, bǎ jìhuà gǎi yíxià.

4 除了……以外

除了……以外는 '~을 제외하고, ~ 이외에'라는 뜻으로, 언급한 것을 포함하지 않고 배제함을 나타내는 표현입니다. 일반적으로 뒤에 都 dōu가 같이 옵니다. 뒤에 还 hái나 也 yě 등이 오면 언급한 것 이외에 다른 것이 더 있음을 나타냅니다.

除了备用电池以外，请把其他行李都托运。
Chúle bèiyòng diànchí yǐwài, qǐng bǎ qítā xíngli dōu tuōyùn.
보조 배터리 이외에, 다른 짐은 모두 부쳐 주십시오.

除了肉类以外我都可以吃。 저는 육류 외에는 다 먹을 수 있어요.
Chúle ròulèi yǐwài wǒ dōu kěyǐ chī.

除了颐和园以外，你还想去哪儿? 이허위안 외에 당신은 또 어디를 가고 싶어요?
Chúle Yíhéyuán yǐwài, nǐ hái xiǎng qù nǎr?

실력 향상하기

1 녹음을 듣고 그림에 맞게 A, B, C를 써 넣어 보세요. Track 02-05

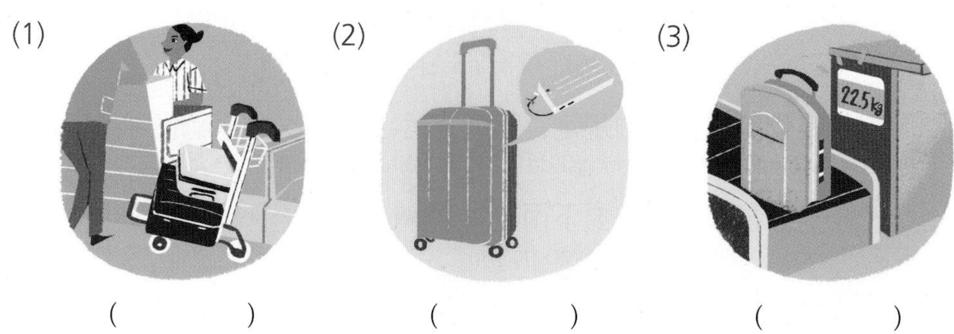

(1) (　　　)　(2) (　　　)　(3) (　　　)

2 녹음을 듣고 내용과 일치하면 O, 일치하지 않으면 X를 표시해 보세요. Track 02-06

(1) 这件行李太大了，能带上飞机。 (　　　)

(2) 应该按照标准来处理。 (　　　)

(3) 这种电池不可以充电。 (　　　)

3 빈칸에 들어갈 알맞은 단어를 골라 문장을 완성해 보세요.

规定　把　根据　除了

(1) 请__________它放在上面。

(2) 根据我们航空公司的__________，不能托运。

(3) __________备用电池以外，请把其他行李都托运。

(4) __________天气预报，明天要下雨。

4 다음 문장을 중국어로 바꿔 보세요.

(1) 여행 트렁크 안에 라이터가 있습니까?

→ ______________________________

(2) 이 짐 가방은 기내에 가지고 탈 수 있겠죠?

→ ______________________________

(3) 그럼 현금으로 지불하겠습니다.

→ ______________________________

5 다음 상황에 어울리도록 대화를 완성해 보세요.

(1)

A: 你有要托运的行李吗?

B: ______________________________

(2)

A: ______________________________

B: 我知道了。

확장 표현 더하기

 **수하물 검사가 끝날 때까지 출국장으로 들어가지 말고 잠시 기다려 주세요.**

请稍等，直到行李检查结束为止，不要进入出境口。

Qǐng shāo děng, zhídào xíngli jiǎnchá jiéshù wéizhǐ, bú yào jìnrù chūjìngkǒu.

발권 수속 시 위탁 수하물의 무게를 측정하고 항공기에 적재합니다. 항공기로 이동하기 전 위탁 수하물 안 금지 품목의 유무를 확인하기 위해 발권 수속 데스크 앞에서 10분 정도 대기 후 출국장으로 들어가도록 안내합니다.

 **수하물 안에 깨지기 쉬운 물건이 들어 있습니까?**

您的托运行李里有易碎物品吗?

Nín de tuōyùn xíngli li yǒu yìsuì wùpǐn ma?

수하물 안에 깨지기 쉬운 물건이 있는 경우, 수하물 위탁 수속 시 항공사 직원에게 고지하여 '파손 주의 태그(FRAGILE TAG)'를 부착하면 보다 안전한 수하물 운송이 가능합니다.

노트북은 기내로 가지고 탑승해 주세요.

请您把笔记本电脑带上飞机。

Qǐng nín bǎ bǐjìběn diànnǎo dài shàng fēijī.

노트북은 배터리를 분리하면 위탁 수하물로 탁송할 수 있습니다. 그러나 운송 중 파손될 염려가 있으므로 노트북과 같은 고가의 물품은 기내에 가지고 타는 것이 좋습니다.

아기 우유와 이유식을 기내에 가지고 탑승할 수 있나요?

婴儿的牛奶和婴儿辅食能带上飞机吗?

Yīng'ér de niúnǎi hé yīng'ér fǔshí néng dài shàng fēijī ma?

100㎖ 이상의 액체류는 기내 반입이 금지되어 있지만, 아기가 먹는 우유, 분유를 타기 위한 따뜻한 물, 이유식 등은 반입이 가능합니다.

Track 02-07

위탁 운송 금지 품목

爆炸性物质 bàozhàxìng wùzhì	폭발성 물질	丁烷气 dīngwánqì	부탄가스
易燃物质 yìrán wùzhì	인화성 물질	汽油 qìyóu	휘발유
毒性物质 dúxìng wùzhì	독성 물질	发胶 fàjiāo	헤어스프레이
放射性物质 fàngshèxìng wùzhì	방사성 물질	漂白剂 piǎobáijì	표백제
传染性物质 chuánrǎnxìng wùzhì	전염성 물질	干冰 gānbīng	드라이아이스
手榴弹 shǒuliúdàn	수류탄	麻药 máyào	마약
鞭炮 biānpào	폭죽	电子烟 diànzǐ yān	전자 담배
火药 huǒyào	화약	锂电池 lǐ diànchí	리튬 전지
火柴 huǒchái	성냥	充电宝 chōngdiànbǎo	보조 배터리
打火机 dǎhuǒjī	라이터	电动滑板车 diàndòng huábǎnchē	전동 킥보드

기내 반입 금지 품목

瑞士军刀 Ruìshì jūndāo	맥가이버칼, 다용도 칼	棒球棒 bàngqiú bàng	야구방망이
美工刀 měigōngdāo	(문구용) 칼	高尔夫球杆 gāo'ěrfūqiú gān	골프채
水果刀 shuǐguǒdāo	과도	哑铃 yǎlíng	아령
枪支类 qiāngzhī lèi	총기류	锥子 zhuīzi	송곳
玩具枪 wánjù qiāng	장난감 총	剪刀 jiǎndāo	가위

기내 반입? or 위탁 운송?

수하물 적재 규정

비행기를 탈 때마다 어떤 물건은 직접 기내에 가지고 타도 되는지, 또 어떤 물건은 반드시 위탁 운송해야 하는지 헷갈립니다. 발권 수속까지 마쳤는데 탁송하려는 짐 안에 위탁 운송 금지 품목이 들어 있어 카운터 앞에서 여행 가방을 전부 열어 물건을 꺼내야 하는 상황이나, 출국 심사 중 엑스레이 검사대에서 소지품을 버려야 하는 상황은 공항에서 심심치 않게 발생합니다.
비행 여정의 수월한 시작을 위해서 수하물 적재 규정을 다시 한번 확인하는 것은 필수입니다. 또한 국가마다, 항공사마다 세부 규정이 다를 수 있으니 이에 유의해 여행 짐 가방을 꾸리시길 바랍니다.

위탁 운송 금지
기내 반입 금지

폭발성 물질, 인화성 물질
독성 물질, 기타 위험 물질

위탁 운송 가능
기내 반입 금지

창·도검류, 총기류, 스포츠용품류, 공구류

*국제선 기준, 액체 및 젤류에 해당하는 제품을 기내로 반입하려면 용기당 100㎖ 이하(잔여량 관계없이 용기 사이즈를 기준으로 함)를 투명한 지퍼백(크기 20cm x 20cm 이하, 용량 1ℓ 이하)에 넣은 상태로 일인당 지퍼백 1개만 반입 가능.

위탁 운송 금지
기내 반입 가능

휴대용 리튬 배터리, 라이터, 소형 안전성냥, 전자 담배, 노트북, 카메라 등 고가의 전자 제품이나 화폐, 보석 등 귀중품

CHAPTER

03

출국 수속

회화 학습하기 1

출국 심사 Track 03-01

A 先生，您利用这边的自助查验更[1]方便。
Xiānsheng, nín lìyòng zhèbiān de zìzhù cháyàn gèng fāngbiàn.

B 我可以带小孩儿一起办手续吗?
Wǒ kěyǐ dài xiǎoháir yìqǐ bàn shǒuxù ma?

A 可以。请[2]这边来。
Kěyǐ. Qǐng zhèbiān lái.

출국 심사대로 이동 후

C 您好。请给我看一下您的护照和登机牌。
Nín hǎo. Qǐng gěi wǒ kàn yíxià nín de hùzhào hé dēngjīpái.

您到哪儿去旅游?
Nín dào nǎr qù lǚyóu?

B 我在中国上海待5天。
Wǒ zài Zhōngguó Shànghǎi dài wǔ tiān.

C 您有中国签证吗?
Nín yǒu Zhōngguó qiānzhèng ma?

B 我已经办好了。
Wǒ yǐjīng bànhǎo le.

단어 익히기 1

Track 03-02

自助 zìzhù 동 스스로 하다, 셀프로 ~하다

附近有自助加油站吗?
Fùjìn yǒu zìzhù jiāyóuzhàn ma?
근처에 셀프 주유소가 있습니까?

查验 cháyàn 동 검사하다, 심사하다

出入要查验身份证。
Chūrù yào cháyàn shēnfènzhèng.
출입하려면 신분증 검사가 필요합니다.

方便 fāngbiàn 형 편리하다

我家附近有便利店很方便。
Wǒ jiā fùjìn yǒu biànlìdiàn hěn fāngbiàn.
집 근처에 편의점이 있어 매우 편리합니다.

登机牌 dēngjīpái 명 탑승권

用手机办登机牌能节约时间。
Yòng shǒujī bàn dēngjīpái néng jiéyuē shíjiān.
모바일 탑승권 발급은 시간을 절약할 수 있습니다.

旅游 lǚyóu 명 동 여행(하다), 관광(하다)

在韩国旅游的外国人增加了。
Zài Hánguó lǚyóu de wàiguórén zēngjiā le.
한국을 관광하는 외국인이 증가했습니다.

签证 qiānzhèng 명 비자

入境中国时必须要办签证。
Rùjìng Zhōngguó shí bìxū yào bàn qiānzhèng.
중국에 입국할 때는 반드시 비자를 발급받아야 합니다.

회화 학습하기 2

공항 보안 검색 Track 03-03

A 请把所有行李放入篮子里，包括在口袋里的物品。
Qǐng bǎ suǒyǒu xíngli fàngrù lánzi li, bāokuò zài kǒudai li de wùpǐn.

B 好的。
Hǎo de.

A 您的笔记本电脑也需要放入篮子里。
Nín de bǐjìběn diànnǎo yě xūyào fàngrù lánzi li.

还有，请脱掉[3]外套和鞋子。
Háiyǒu, qǐng tuōdiào wàitào hé xiézi.

请张开双臂。请转身。
Qǐng zhāngkāi shuāng bì. Qǐng zhuǎn shēn.

보안 검색대 통과 후

A 麻烦您，我可以打开您的行李吗?
Máfan nín, wǒ kěyǐ dǎkāi nín de xíngli ma?

B 可以，有什么问题吗?
Kěyǐ, yǒu shénme wèntí ma?

A 有些[4]东西需要直接确认。
Yǒuxiē dōngxi xūyào zhíjiē quèrèn.

谢谢您的合作。
Xièxie nín de hézuò.

단어 익히기 ②

Track 03-04

包括 bāokuò 동 포함하다

住在这家酒店的话，包括早餐吗?

Zhù zài zhè jiā jiǔdiàn dehuà, bāokuò zǎocān ma?

이 호텔에 묵는 경우 아침 식사가 포함됩니까?

口袋 kǒudai 명 주머니

口袋里有什么东西?

Kǒudai li yǒu shénme dōngxi?

주머니 안에 무엇이 있습니까?

笔记本电脑 bǐjìběn diànnǎo 명 노트북

最近三星新出了一款笔记本电脑。

Zuìjìn Sānxīng xīn chū le yì kuǎn bǐjìběn diànnǎo.

최근 삼성이 노트북을 새로 출시했습니다.

张开 zhāngkāi 동 열다, 벌리다

他张开双臂抱住他的孩子。

Tā zhāngkāi shuāng bì bàozhù tā de háizi.

그는 두 팔 벌려 그의 아이를 안아 주었습니다.

转 zhuǎn 동 (몸을) 돌리다, 바꾸다

在第二个十字路口往左转。

Zài dì èr ge shízì lùkǒu wǎng zuǒ zhuǎn.

두 번째 사거리에서 왼쪽으로 도세요.

打开 dǎkāi 동 열다, 펼치다

开始上课吧，大家打开课本。

Kāishǐ shàngkè ba, dàjiā dǎkāi kèběn.

수업을 시작하겠습니다. 모두 교과서를 펴세요.

直接 zhíjiē 형 직접적이다

你直接和他说一下。

Nǐ zhíjiē hé tā shuō yíxià.

그와 직접 말해 보세요.

合作 hézuò 명 동 협력(하다)

我们对您的合作表示感谢。

Wǒmen duì nín de hézuò biǎoshì gǎnxiè.

당신의 협조에 감사를 표합니다.

표현 들여다보기

1 정도부사 更

更은 '더욱'의 의미를 가지고 있는 정도부사입니다. 정도부사는 형용사 앞에 위치하여 형용사의 정도를 나타내며, 자주 쓰이는 정도부사로는 '很 hěn 매우', '非常 fēicháng 굉장히', '真 zhēn 정말로' 등이 있습니다.

您利用这边的自助查验更方便。 이쪽의 자동 출국 심사대를 이용하시면 더욱 편리합니다.
Nín lìyòng zhèbiān de zìzhù cháyàn gèng fāngbiàn.

在市场买蔬菜更新鲜。 시장에서 채소를 사는 것이 더욱 신선합니다.
Zài shìchǎng mǎi shūcài gèng xīnxiān.

这道菜真好吃! 이 음식은 정말 맛있어요!
Zhè dào cài zhēn hǎochī!

2 동사 请

请은 '~해 주세요'라는 뜻으로, 상대방에게 어떤 일을 부탁하거나 권유할 때 쓰는 표현입니다. 영어의 'please'와 비슷한 역할을 합니다.

请给我看一下您的护照和登机牌。 여권과 탑승권을 제시해 주십시오.
Qǐng gěi wǒ kàn yíxià nín de hùzhào hé dēngjīpái.

请帮我拿行李。 짐 드는 것을 도와주세요.
Qǐng bāng wǒ ná xíngli.

请安静一下。 조용히 해 주세요.
Qǐng ānjìng yíxià.

3 결과보어 掉

동사 掉 diào는 '(아래로) 떨어지다, 떨어뜨리다'라는 뜻을 가지고 있지만 동사 뒤에서 결과보어로 쓰이면 '해치우다, ~해 버리다'라는 뜻으로, 동작의 완성을 나타냅니다.

请脱掉外套和鞋子。 외투와 신발을 벗어 주세요.
Qǐng tuōdiào wàitào hé xiézi.

您把外套脱掉后给我。 외투를 벗어서 저에게 주세요.
Nín bǎ wàitào tuōdiào hòu gěi wǒ.

他把桌子上的面包都吃掉了。 그는 탁자 위의 빵을 다 먹어버렸습니다.
Tā bǎ zhuōzi shàng de miànbāo dōu chīdiào le.

4 대사 有些

有些가 대사로 쓰일 때는 '일부, 어떤'이라는 뜻으로, 정해지지 않은 양이나 부분을 가리킵니다. 부사로 쓰일 때는 '조금, 약간'의 의미를 나타냅니다.

有些东西需要直接确认。 일부 물건들은 직접 확인이 필요합니다.
Yǒuxiē dōngxi xūyào zhíjiē quèrèn.

有些学生还没到。 몇몇 학생들은 아직 도착하지 않았습니다.
Yǒuxiē xuéshēng hái méi dào.

他最近有些难过。 그는 요즘 조금 고달픕니다.
Tā zuìjìn yǒuxiē nánguò.

실력 향상하기

1 녹음을 듣고 그림에 맞게 A, B, C를 써 넣어 보세요. Track 03-05

(1) (2) (3)

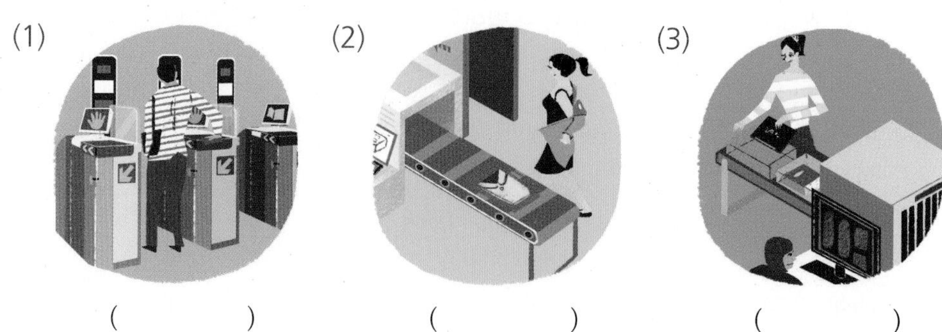

( ) ( ) ( )

2 녹음을 듣고 내용과 일치하면 O, 일치하지 않으면 X를 표시해 보세요. Track 03-06

(1) 入境中国时不需要办签证。 ( )

(2) 在韩国旅游的中国人增加了。 ( )

(3) 我们对您的合作表示感谢。 ( )

3 빈칸에 들어갈 알맞은 단어를 골라 문장을 완성해 보세요.

更 掉 请 有些

(1) 利用自助查验________方便。

(2) ________给我看一下您的护照。

(3) 请脱________外套和鞋子。

(4) ________东西需要直接确认。

4 다음 문장을 중국어로 바꿔 보세요.

(1) 중국 비자가 있으십니까?

→ ______________________________

(2) 두 팔을 벌리고, 뒤로 돌아서 주세요.

→ ______________________________

(3) 당신의 협조에 감사드립니다.

→ ______________________________

5 다음 상황에 어울리도록 대화를 완성해 보세요.

(1)

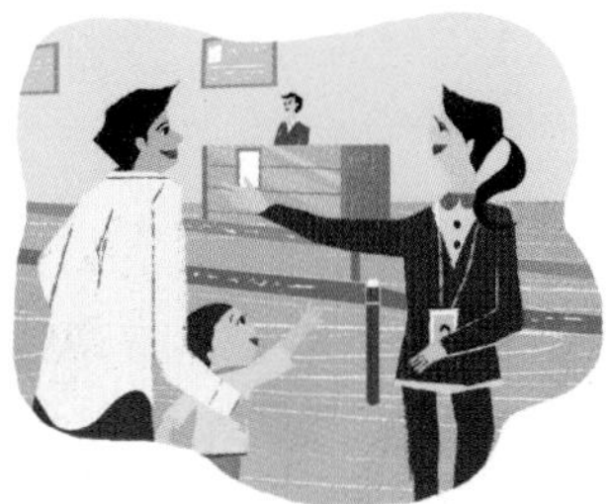

A: ______________________________

B: 可以。请这边来。

(2)

A: ______________________________

B: 可以。

확장 표현 더하기

아이를 동반한 승객은 자동 출입국 심사대를 이용하실 수 없습니다.

陪孩子的乘客不能使用自助查验。

Péi háizi de chéngkè bù néng shǐyòng zìzhù cháyàn.

주민 등록이 되어 있는 만 17세 이상의 대한민국 국민은 별도의 사전 등록 절차 없이 국내 6개 공항(인천공항, 김해공항, 김포공항, 제주공항, 대구공항, 청주공항)의 자동 출입국 심사대를 이용할 수 있습니다.

이쪽은 내국인 전용 통로입니다. 외국인 전용 통로에 줄을 서 주십시오.

这边是本国人专用通道，请到外国人专用通道排队。

Zhèbiān shì běnguórén zhuānyòng tōngdào, qǐng dào wàiguórén zhuānyòng tōngdào páiduì.

출입국 심사는 내국인과 외국인을 나누어 진행합니다. 국적에 따라 전용 심사대 이용을 안내할 수 있습니다.

엑스레이 검사를 다시 한번 하겠습니다. 협조 부탁드립니다.

我们要重新进行X光检查，请协助。

Wǒmen yào chóngxīn jìnxíng X guāng jiǎnchá, qǐng xiézhù.

엑스레이 보안 검색 과정에서 가방 안의 물품을 자세히 확인해야 할 필요가 있다고 판단되면 보안 검색 요원이 다시 한번 엑스레이 검사를 요구합니다. 다시 검사를 실시한 후에도 불명확한 물건이 발견될 경우 직접 가방을 열어 확인할 수도 있습니다.

보안 검색을 위해 가지고 계신 모든 소지품을 꺼내십시오.

请把口袋里的物品全部拿出来接受安全检查。

Qǐng bǎ kǒudai li de wùpǐn quánbù ná chūlai jiēshòu ānquán jiǎnchá.

보안 검색대를 통과할 때는 주머니 속에 있는 물건을 포함하여 소지한 모든 물건을 꺼내야 합니다. 일부 공항의 경우 보안 검색 요원의 요구에 따라 신발을 벗고 보안 검색을 진행하는 경우도 있습니다.

Track 03-07

공항 시설

航站楼 hángzhànlóu	(공항 내) 터미널
国际候机厅 guójì hòujītīng	국제선 대합실
国内候机厅 guónèi hòujītīng	국내선 대합실
休息室 xiūxishì	라운지
安检区 ānjiǎnqū	보안 검색 구역
登机口 dēngjīkǒu	탑승구
换乘柜台 huànchéng guìtái	환승 카운터
行李提取区 xíngli tíqǔqū	수하물 수취 구역
失物招领中心 shīwù zhāolǐng zhōngxīn	분실물 센터
跑道 pǎodào	활주로
塔台 tătái	관제탑
国际到达 guójì dàodá	국제선 도착
国际出发 guójì chūfā	국제선 출발
廊桥 lángqiáo	브릿지
飞机加油 fēijī jiāyóu	항공기 주유
客梯车 kètīchē	(승객 탑승용) 계단 차
停机站 tíngjīzhàn	주기장(항공기 정류장)
行李手推车 xíngli shǒutuīchē	수하물 카트
摆渡车 bǎidùchē	셔틀버스
自动人行道 zìdòng rénxíngdào	무빙워크

출입국 수속 관련

X光检查 X guāng jiǎnchá	엑스레이 검사
出境手续 chūjìng shǒuxù	출국 수속
入境手续 rùjìng shǒuxù	입국 수속
自助查验 zìzhù cháyàn	자동 출입국 심사
指纹采集器 zhǐwén cǎijíqì	지문 채취기
安(全)检(查) ānquán jiǎnchá	보안 검색
外国人登陆证 wàiguórén dēnglùzhèng	외국인 등록증
入境卡 rùjìngkǎ	입국 신고서
海关申报单 hǎiguān shēnbàodān	세관 신고서
检疫申报单 jiǎnyì shēnbàodān	건강 상태 질문서

중국에 비자 없이 입국 가능하다고요?

TWOV(무사증 체류)

TWOV란 Transit Without Visa의 약자로, 비자가 있어야만 입국할 수 있는 국가를 체류가 아니라 단순 경유할 경우 무비자로 통과하는 것을 말합니다. 예를 들어 중국에 여행 가려면 당연히 중국 비자가 필요하겠죠? 하지만 우리나라에서 출발한 후 중국을 경유하여 우리나라와 중국을 제외한 제3국으로 여행할 때에는 비자 없이 중국 입국이 허락됩니다.

이때 중국에 무비자로 체류가 허락되는 시간은 최장 144시간이고, 반드시 제3국으로 가는 비행기표가 있어야만 무비자로 입국할 수 있어요. TWOV는 보통 출발하는 공항에서 탑승하는 항공사에 신청하며, 여권과 항공권을 보여 주면 신청 가능합니다.

일부 국가에서는 TWOV를 인정하지 않고 있으며, TWOV를 시행하는 나라일지라도 도시별로 체류 가능 시간이 다를 수 있으므로 승객에게 안내하기 전 확인은 필수입니다.

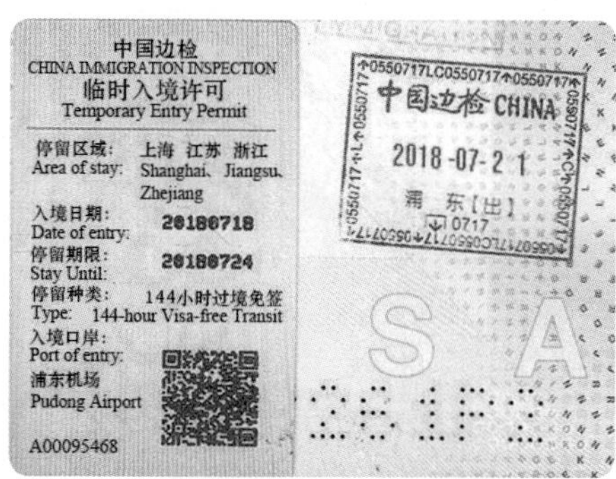

中国边检
CHINA IMMIGRATION INSPECTION
临时入境许可
Temporary Entry Permit

停留区域: 上海 江苏 浙江
Area of stay: Shanghai、Jiangsu、Zhejiang
入境日期: 20180718
Date of entry:
停留期限: 20180724
Stay Until:
停留种类: 144小时过境免签
Type: 144-hour Visa-free Transit
入境口岸:
Port of entry:
浦东机场
Pudong Airport

A00095468

中国边检 CHINA
2018-07-21
浦 东 [出]
0717

CHAPTER

04

면세품 구매

회화 학습하기 1

면세품 소개 Track 04-01

A 欢迎光临!
Huānyíng guānglín!

B 早上好。我要买个女士用护肤水和精华。
Zǎoshang hǎo. Wǒ yào mǎi ge nǚshì yòng hùfūshuǐ hé jīnghuá.

A 她的年龄是多少? 皮肤类型怎么样?
Tā de niánlíng shì duōshao? Pífū lèixíng zěnmeyàng?

B 她30多岁，干性皮肤。
Tā sānshí duō suì, gānxìng pífū.

A 我想给您推荐这瓶精华，它具有高度保湿性。
Wǒ xiǎng gěi nín tuījiàn zhè píng jīnghuá, tā jùyǒu gāodù bǎoshīxìng.

B 好的。还有哪种牌子的香水受欢迎[1]?
Hǎo de. Háiyǒu nǎ zhǒng páizi de xiāngshuǐ shòu huānyíng?

A 这瓶香水是新上市的，很受欢迎。您试试[2]吧。
Zhè píng xiāngshuǐ shì xīn shàngshì de, hěn shòu huānyíng. Nín shìshi ba.

B 不错，很香。我都要了。
Búcuò, hěn xiāng. Wǒ dōu yào le.

단어 익히기 1

Track 04-02

年龄 niánlíng 명 연령, 나이

我们公司不限年龄。
Wǒmen gōngsī bú xiàn niánlíng.
우리 회사는 나이 제한이 없습니다.

皮肤 pífū 명 피부

喝茶对皮肤很好。
Hē chá duì pífū hěn hǎo.
차를 마시는 것은 피부에 좋습니다.

类型 lèixíng 명 유형, 타입

他不是我喜欢的类型。
Tā bú shì wǒ xǐhuan de lèixíng.
그는 내가 좋아하는 타입이 아니에요.

具有 jùyǒu 동 가지다, 구비하다

它具有独特的特点。
Tā jùyǒu dútè de tèdiǎn.
그것은 독특한 특징을 가지고 있습니다.

牌子 páizi 명 상표, 브랜드

我最喜欢这个牌子。
Wǒ zuì xǐhuan zhè ge páizi.
나는 이 브랜드를 가장 좋아해요.

香 xiāng 형 향기롭다

春天的花更香。
Chūntiān de huā gèng xiāng.
봄철의 꽃이 더욱 향기롭습니다.

회화 학습하기 2

면세품 결제 안내 Track 04-03

A 先生，您怎么[3]结算?
Xiānsheng, nín zěnme jiésuàn?

B 我要用信用卡。
Wǒ yào yòng xìnyòngkǎ.

A 您有免税店会员卡吗？我会帮您打折扣。
Nín yǒu miǎnshuìdiàn huìyuánkǎ ma? Wǒ huì bāng nín dǎ zhékòu.

B 我有张金卡。
Wǒ yǒu zhāng jīnkǎ.

A 金卡会员可以打9折[4]，
Jīnkǎ huìyuán kěyǐ dǎ jiǔ zhé,

一共是352美元，366,080韩币。
yígòng shì sānbǎi wǔshí'èr měiyuán, sānshíliùwàn liùqiān líng bāshí hánbì.

请出示一下您的护照、机票和会员卡。
Qǐng chūshì yíxià nín de hùzhào、jīpiào hé huìyuánkǎ.

B 好的。
Hǎo de.

A 请您在签名板上签一下字。
Qǐng nín zài qiānmíng bǎn shàng qiān yíxià zì.

단어 익히기 2

Track 04-04

结算 jiésuàn 명 동 계산(하다)

只能用韩币和人民币结算。
Zhǐ néng yòng hánbì hé rénmínbì jiésuàn.
원화와 인민폐로만 계산할 수 있습니다.

信用卡 xìnyòngkǎ 명 신용 카드

你带了信用卡吗?
Nǐ dài le xìnyòngkǎ ma?
당신은 신용 카드를 가져왔나요?

免税店 miǎnshuìdiàn 명 면세점

哪家免税店离这儿最近?
Nǎ jiā miǎnshuìdiàn lí zhèr zuì jìn?
어느 면세점이 여기에서 가장 가깝습니까?

会员卡 huìyuánkǎ 명 회원 카드

你要办会员卡吗?
Nǐ yào bàn huìyuánkǎ ma?
회원 카드를 만드시겠습니까?

折扣 zhékòu 명 동 할인(하다)

现在进行折扣活动。
Xiànzài jìnxíng zhékòu huódòng.
현재 할인 행사를 진행 중입니다.

签名 qiānmíng 명 동 서명(하다)

写完单子后一定要签名。
Xiěwán dānzi hòu yídìng yào qiānmíng.
서류를 작성한 후에 반드시 서명해야 합니다.

표현 들여다보기

1 受欢迎

受는 '받다', 欢迎은 '환영하다'라는 뜻으로, 受欢迎은 '환영을 받다', 즉 '인기가 있다'라는 표현입니다. 반대로 '인기가 없다'는 부정부사 不를 사용하여 不受欢迎이라고 표현합니다.

哪种牌子的香水受欢迎? 어떤 브랜드의 향수가 인기가 있나요?
Nǎ zhǒng páizi de xiāngshuǐ shòu huānyíng?

这个颜色不受欢迎。 이 색은 인기가 없습니다.
Zhège yánsè bú shòu huānyíng.

这家商店很受年轻人的欢迎。 이 가게는 젊은이들에게 인기가 있습니다.
Zhè jiā shāngdiàn hěn shòu niánqīngrén de huānyíng.

2 동사의 중첩

동사를 중첩하면 '한번 ~해 보다'라는 의미가 되어 가볍게 동작을 시도해 봄을 나타냅니다. 试试는 우리말로 '한번 착용해 보세요, 테스트해 보세요'라는 표현으로, 점원이 손님에게 상품 테스트나 시착 등을 권유할 때 많이 사용됩니다.

您试试吧。 테스트해 보세요.
Nín shìshi ba.

您可以试试这双鞋。 이 신발을 한번 신어 보셔도 됩니다.
Nín kěyǐ shìshi zhè shuāng xié.

我可以看看这本书吗? 이 책을 한번 봐도 됩니까?
Wǒ kěyǐ kànkan zhè běn shū ma?

3 의문대사 怎么

怎么는 '어떻게'라는 뜻의 의문대사로, 동사 앞에 놓여 방법이나 방식을 물어볼 수 있습니다. 또 '왜, 어째서'라는 뜻으로 원인이나 이유를 물어볼 때도 사용할 수 있습니다.

您怎么结算? 어떻게 결제하시겠습니까?
Nín zěnme jiésuàn?

怎么调节亮度? 밝기는 어떻게 조절합니까?
Zěnme tiáojié liàngdù?

你怎么还没做完? 당신은 어째서 아직도 끝내지 못했나요?
Nǐ zěnme hái méi zuòwán?

4 打……折

중국의 할인율은 打와 折 사이에 숫자를 넣어 표현하는데, 할인율 표기법이 우리나라와 반대입니다. 우리나라에서는 구매자 입장에서 할인율을 표기하지만, 중국에서는 판매자 입장에서 할인율을 표기하기 때문입니다. 예를 들어 打9折는 90%를 할인해 준다는 것이 아니라 10%를 할인한다는 의미입니다. 즉 打와 折 사이에 들어가는 숫자는 할인된 후 지불해야 하는 비율이라는 것에 주의해야 합니다.

金卡会员可以打9折。 VIP 회원은 10% 할인됩니다.
Jīnkǎ huìyuán kěyǐ dǎ jiǔ zhé.

这件衣服打3折。 이 옷은 70% 할인합니다.
Zhè jiàn yīfu dǎ sān zhé.

这件衣服打几折? 이 옷은 몇 %를 할인합니까?
Zhè jiàn yīfu dǎ jǐ zhé?

실력 향상하기

1 녹음을 듣고 그림에 맞게 A, B, C를 써 넣어 보세요. Track 04-05

(1)

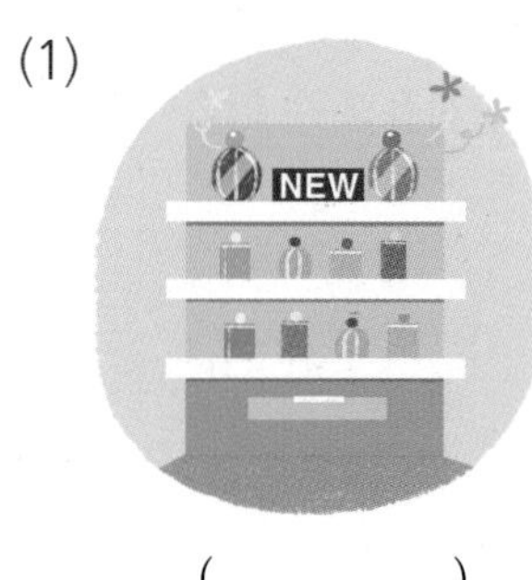

(   )

(2)

(   )

(3)

(   )

2 녹음을 듣고 내용과 일치하면 O, 일치하지 않으면 X를 표시해 보세요. Track 04-06

(1) 我最喜欢这个牌子。 (   )

(2) 你要办信用卡吗? (   )

(3) 现在进行折扣活动。 (   )

3 빈칸에 들어갈 알맞은 단어를 골라 문장을 완성해 보세요.

试试　受　打　怎么

(1) 这个颜色不________欢迎。

(2) 您可以________这双鞋。

(3) 你________还没做完?

(4) 这件衣服________3折。

4 다음 문장을 중국어로 바꿔 보세요.

(1) 여성분의 연령이 어떻게 되시나요?

→ ______________________________

(2) VIP 회원은 10% 할인됩니다.

→ ______________________________

(3) 면세점 회원 카드가 있으십니까?

→ ______________________________

5 다음 상황에 어울리도록 대화를 완성해 보세요.

(1)

A: ______________________________

B: 这瓶香水很受欢迎。

(2)

A: 先生，你怎么结算?

B: ______________________________

확장 표현 더하기

회원 카드는 안내 데스크에서 즉시 발급 가능합니다.

会员卡可在服务台即时领取。

Huìyuánkǎ kě zài fúwùtái jíshí lǐngqǔ.

면세점 이용 시 회원으로 가입하면 더 많은 할인 혜택이 적용됩니다. 회원 카드는 면세점 내 안내 데스크에서 즉시 발급 가능하며 회원에게는 다양한 할인 쿠폰이 지급되기도 합니다.

구매 전 목적지의 세관 규정을 확인해 주세요.

请您购买之前，确认一下目的地的海关规定。

Qǐng nín gòumǎi zhīqián, quèrèn yíxià mùdìdì de hǎiguān guīdìng.

나라마다 세관 규정이 다르기 때문에 면세품 구매 전 먼저 도착지의 세관 규정 확인이 필요합니다. 일인당 반입이 허용되는 담배, 주류 등의 개수와 용량, 면세품 구매 한도는 국가마다 상이합니다.

두 개 구매하시면 30% 할인이 적용됩니다.

购买两个的话，适用30%折扣。

Gòumǎi liǎng ge dehuà, shìyòng bǎi fēn zhī sānshí zhékòu.

면세점에서는 다양한 브랜드의 제품을 보다 저렴한 가격에 구매할 수 있으며, 같은 브랜드 제품을 여러 개 구매하면 할인 폭이 커지는 이벤트가 진행되기도 합니다.

200달러 이상 구매하시면 증정품을 드립니다.

购买200美金以上的话，送您免费赠品。

Gòumǎi liǎngbǎi měijīn yǐshàng dehuà, sòng nín miǎnfèi zèngpǐn.

면세점에서 물건 구입 시 구매 금액에 따라 사은품을 증정하기도 합니다. 일정 금액을 초과하여 면세품을 구매한 경우 사은품 증정을 안내할 수 있습니다.

Track 04-07

면세점 이용 관련

중국어	병음	뜻
机场免税店	jīchǎng miǎnshuìdiàn	공항 면세점
网上免税店	wǎngshàng miǎnshuìdiàn	인터넷 면세점
新世界免税店	Xīnshìjiè Miǎnshuìdiàn	신세계면세점
新罗免税店	Xīnluó Miǎnshuìdiàn	신라면세점
乐天免税店	Lètiān Miǎnshuìdiàn	롯데면세점
免税品	miǎnshuìpǐn	면세품
会员卡	huìyuánkǎ	회원 카드
预付卡	yùfùkǎ	선불 카드
积分卡	jīfēnkǎ	적립 카드
优惠券	yōuhuìquàn	할인 쿠폰
打折	dǎzhé	할인
优惠	yōuhuì	혜택
样品	yàngpǐn	샘플
汇率	huìlǜ	환율
免税品提货处	miǎnshuìpǐn tíhuòchù	면세품 인도장
取号机	qǔhàojī	번호표 발행기
服务台	fúwùtái	안내 데스크
发票	fāpiào	영수증
自助包装台	zìzhù bāozhuāngtái	자율 포장대
密封包装	mìfēng bāozhuāng	밀봉 포장

중국어로 어떻게 말할까요?

각국의 화폐 명칭

韩币 KRW(대한민국) hánbì	新加坡元 SGD(싱가포르) xīnjiāpōyuán	欧元 EUR(유럽 연합) ōuyuán
人民币 CNY(중국) rénmínbì	越南盾 VND(베트남) yuènándùn	英镑 GBP(영국) yīngbàng
日元 JPY(일본) rìyuán	印度卢比 INR(인도) yìndùlúbǐ	澳大利亚元 AUD(호주) àodàlìyàyuán
港币 HKD(홍콩) gǎngbì	美元 USD(미국) měiyuán	新西兰元 NZD(뉴질랜드) xīnxīlányuán
泰铢 THB(태국) tàizhū	加拿大元 CAD(캐나다) jiānádàyuán	卢布 RUB(러시아) lúbù

CHAPTER

05

면세품 서비스

회화 학습하기 1

면세품 수령 안내 Track 05-01

A 请问，网上购买的免税品在这里领取吗？
Qǐngwèn, wǎngshàng gòumǎi de miǎnshuìpǐn zài zhèlǐ lǐngqǔ ma?

B 对，请出示您的护照。
Duì, qǐng chūshì nín de hùzhào.

A 这是我的护照。
Zhè shì wǒ de hùzhào.

번호표 제시 후

C 您一共[1]买了两个商品，对吗？
Nín yígòng mǎi le liǎng ge shāngpǐn, duì ma?

一支[2]悦诗风吟的口红，一套[2]自然乐园的面膜，
Yì zhī Yuèshīfēngyín de kǒuhóng, yí tào Zìrán Lèyuán de miànmó,

共两种。请确认一下。
gòng liǎng zhǒng. Qǐng quèrèn yíxià.

A 确认好了。
Quèrèn hǎo le.

C 我把发票给您。
Wǒ bǎ fāpiào gěi nín.

단어 익히기 1

Track 05-02

网上 wǎngshàng 명 온라인, 인터넷

网上查一下价格。
Wǎngshàng chá yíxià jiàgé.
온라인으로 가격을 검색해 보세요.

购买 gòumǎi 명 동 구매(하다)

网上购买的东西已到了。
Wǎngshàng gòumǎi de dōngxi yǐ dào le.
인터넷으로 구매한 것이 이미 도착했습니다.

领取 lǐngqǔ 동 받다, 수령하다

在一楼领取旅游指南。
Zài yī lóu lǐngqǔ lǚyóu zhǐnán.
1층에서 관광 안내서를 받으세요.

商品 shāngpǐn 명 상품

这商品的质量很好。
Zhè shāngpǐn de zhìliàng hěn hǎo.
이 상품의 품질은 매우 좋습니다.

口红 kǒuhóng 명 립스틱

这是口红还是唇彩?
Zhè shì kǒuhóng háishi chúncǎi?
이것은 립스틱인가요, 아니면 립글로스인가요?

面膜 miànmó 명 마스크 팩

这种面膜对哪方面好?
Zhè zhǒng miànmó duì nǎ fāngmiàn hǎo?
이 마스크 팩은 어디에 좋습니까?

发票 fāpiào 명 영수증

请帮我开一张发票。
Qǐng bāng wǒ kāi yì zhāng fāpiào.
영수증을 발급해 주세요.

회화 학습하기 2

액체류 개봉 금지 안내 Track 05-03

A 先生，您的目的地是哪里？
Xiānsheng, nín de mùdìdì shì nǎlǐ?

B 我到夏威夷，在上海转机。
Wǒ dào Xiàwēiyí, zài Shànghǎi zhuǎnjī.

A 在您到达夏威夷前[3]，请不要[4]打开密封包装。
Zài nín dàodá Xiàwēiyí qián, qǐng bú yào dǎkāi mìfēng bāozhuāng.

B 我要在机上使用它，不可以打开吗？
Wǒ yào zài jī shàng shǐyòng tā, bù kěyǐ dǎkāi ma?

A 不可以。
Bù kěyǐ.

液体类必须保持密封状态，直至最终目的地。
Yètǐ lèi bìxū bǎochí mìfēng zhuàngtài, zhízhì zuìzhōng mùdìdì.

B 那除了液体类以外，别的物品都可以打开吗？
Nà chúle yètǐ lèi yǐwài, bié de wùpǐn dōu kěyǐ dǎkāi ma?

A 可以，谢谢您的协助。
Kěyǐ, xièxie nín de xiézhù.

단어 익히기 ❷

Track 05-04

目的地 mùdìdì 명 목적지

这次旅游的目的地是首尔。
Zhè cì lǚyóu de mùdìdì shì Shǒu'ěr.
이번 여행의 목적지는 서울입니다.

包装 bāozhuāng 명 동 포장(하다)

先打开包装看一下。
Xiān dǎkāi bāozhuāng kàn yíxià.
먼저 포장을 풀어서 한번 보세요.

保持 bǎochí 동 유지하다, 지키다

在图书馆要保持安静。
Zài túshūguǎn yào bǎochí ānjìng.
도서관에서는 조용히 해야 합니다.

直至 zhízhì 동 ~에 이르다

他留在中国，直至结束休假。
Tā liú zài Zhōngguó, zhízhì jiéshù xiūjià.
그는 휴가가 끝날 때까지 중국에 머무릅니다.

密封 mìfēng 동 밀봉하다

这封信要密封保存。
Zhè fēng xìn yào mìfēng bǎocún.
이 편지는 밀봉하여 보관해야 합니다.

液体类 yètǐ lèi 명 액체류

这个容器里面不能放液体类。
Zhège róngqì lǐmiàn bù néng fàng yètǐ lèi.
이 용기 안에는 액체류를 담을 수 없습니다.

状态 zhuàngtài 명 상태

飞机已到平飞状态。
Fēijī yǐ dào píng fēi zhuàngtài.
항공기가 이미 안전 고도에 도달하였습니다.

표현 들여다보기

1 부사 一共

一共은 '모두, 전부'라는 뜻을 가진 부사로 수량사를 동반할 수 있습니다. 물건의 총 개수, 합계 등을 표현할 때 사용합니다.

您一共买了两个商品，对吗? 모두 두 개 상품을 구매하신 것 맞나요?
Nín yígòng mǎi le liǎng ge shāngpǐn, duì ma?

我一共有三本汉语书。 저는 모두 세 권의 중국어 책이 있습니다.
Wǒ yígòng yǒu sān běn Hànyǔ shū.

我们一共几个人? 우리는 모두 몇 사람이에요?
Wǒmen yígòng jǐ ge rén?

2 양사 支/套

중국어의 명사는 단독으로 표현하기보다는 양사, 즉 수량을 세는 단위를 함께 사용하여 표현하는 경우가 많습니다. '수사+양사+명사' 순서로 수량구를 이루어 사용됩니다. 양사 支는 가늘고 긴 원통형의 것을 세는 단위이며, 套는 세트나 벌로 이루어진 것을 세는 단위입니다.

一支口红 립스틱 한 개
yì zhī kǒuhóng

一套面膜 마스크 팩 한 세트
yí tào miànmó

这支铅笔是谁的? 이 연필은 누구의 것입니까?
Zhè zhī qiānbǐ shì shéi de?

这套房子三房两卫。 이 집은 방이 세 개, 화장실이 두 개입니다.
Zhè tào fángzi sān fáng liǎng wèi.

3 在……前

在……前은 '~ 전에'라는 의미로 어떠한 동작이 발생하기 전이나 특정 시점의 시간상 앞을 표현할 때 사용합니다.

在您到达夏威夷前，请不要打开密封包装。
Zài nín dàodá Xiàwēiyí qián, qǐng bú yào dǎkāi mìfēng bāozhuāng.
하와이에 도착하기 전에 밀봉 포장을 열지 마시기 바랍니다.

在睡觉前，设定好闹钟。 잠들기 전에 자명종을 맞추세요.
Zài shuìjiào qián, shèdìng hǎo nàozhōng.

在放假前，制定计划。 방학 전에 계획을 세우세요.
Zài fàngjià qián, zhìdìng jìhuà.

4 조동사 不要

不要는 '~하지 말라'라는 뜻으로, 만류하거나 금지하는 부정 명령의 표현입니다. 부사 别 bié도 같은 뜻으로 사용되나 别는 不要보다 조금 더 강한 명령의 의미를 나타냅니다.

请不要打开密封包装。 밀봉 포장을 열지 마시기 바랍니다.
Qǐng bú yào dǎkāi mìfēng bāozhuāng.

不要扔掉垃圾。 쓰레기를 버리지 마세요.
Bú yào rēngdiào lājī.

在飞机上，别吸烟。 기내에서 흡연하지 마십시오.
Zài fēijī shàng, bié xīyān.

실력 향상하기

1 녹음을 듣고 그림에 맞게 A, B, C를 써 넣어 보세요. Track 05-05

(1) 
(　　　)

(2)
(　　　)

(3) 
(　　　)

2 녹음을 듣고 내용과 일치하면 O, 일치하지 않으면 X를 표시해 보세요. Track 05-06

(1) 网上购买的东西还没到。 (　　)

(2) 这个容器里面可以放液体类。 (　　)

(3) 这商品的质量很好。 (　　)

3 빈칸에 들어갈 알맞은 단어를 골라 문장을 완성해 보세요.

支　　不要　　目的地　　一共

(1) 您＿＿＿＿＿买了两个商品，对吗?

(2) 一＿＿＿＿＿口红，一套面膜。

(3) ＿＿＿＿＿扔掉垃圾。

(4) 这次旅游的＿＿＿＿＿是首尔。

4 다음 문장을 중국어로 바꿔 보세요.

(1) 영수증을 드리겠습니다.

→ ______________________________

(2) 목적지가 어디입니까?

→ ______________________________

(3) 밀봉 포장을 열지 마시기 바랍니다.

→ ______________________________

5 다음 상황에 어울리도록 대화를 완성해 보세요.

(1)

A: 我要在机上使用它，______________

B: 不可以。

(2)

A: ______________________________

B: 对，请出示您的护照。

확장 표현 더하기

 **면세품 인도장은 셔틀트레인 하차 후 119번 탑승구 옆에 있습니다.**

免税品提货处在下循环列车后在119号登机口旁边。

Miǎnshuìpǐn tíhuòchù zài xià xúnhuán lièchē hòu zài yāo yāo jiǔ hào dēngjīkǒu pángbiān.

공항의 규모가 크면 면세품 인도장이 면세점 내 가까운 거리에 위치하지 않는 경우가 있습니다. 면세품 인도장 위치를 미리 숙지해 두면 승객에게 신속한 안내가 가능합니다.

자율 포장대에서 물건을 정리할 수 있습니다.

您可以在自助包装台整理东西。

Nín kěyǐ zài zìzhù bāozhuāngtái zhěnglǐ dōngxi.

면세품은 파손이나 변형을 방지하기 위해 여러 겹 포장된 상태로 공항에 도착합니다. 물건 수령 후 자율 포장대에서 액체류를 제외한 물건의 포장을 개봉하여 정리하면 짐의 부피를 줄일 수 있습니다.

상품을 수령한 날로부터 30일 이내에 교환, 반품할 수 있습니다.

商品领取日起30天以内可以调换，退货。

Shāngpǐn lǐngqǔrì qǐ sānshí tiān yǐnèi kěyǐ diàohuàn, tuìhuò.

면세점에서 구입한 상품 역시 이용자에게 책임이 있는 등의 일부 경우를 제외하고 교환이나 반품이 가능합니다. 관세법령에 따라 교환 및 반품이 진행되며, 교환된 면세품은 절차에 따라 재구매 후 출국장의 면세품 인도장에서 수령 가능합니다.

 **번호표를 뽑은 후 잠시 기다려 주세요.**

请您取好号码票后稍等一下。

Qǐng nín qǔhǎo hàomǎpiào hòu shāo děng yíxià.

인터넷 면세점에서 구매한 면세품은 출국일에 공항 면세품 인도장에서 찾을 수 있습니다. 공항이 붐비는 시간대에는 면세품 인도장의 대기 인원도 많으므로, 면세품을 수령해야 한다면 공항에 여유 있게 도착하는 것이 좋습니다.

Track 05-07

면세점 입점 브랜드 중국어 명칭

古驰 Gǔchí	구찌	娇兰 Jiāolán	겔랑
卡地亚 Kǎdìyà	까르띠에	兰芝 Lánzhī	라네즈
路易威登 Lùyìwēidēng	루이비통	兰蔻 Lánkòu	랑콤
巴黎世家 Bālí Shìjiā	발렌시아가	浮生若梦 Fúshēngruòmèng	메이크업포에버
香奈尔 Xiāngnài'ěr	샤넬	雪花秀 Xuěhuāxiù	설화수
爱马仕 Àimǎshì	에르메스	植村秀 Zhícūnxiù	슈에무라
圣罗兰 Shèng Luólán	입생로랑	希思黎 Xīsīlí	시슬리
菲拉格慕 Fēilāgémù	페라가모	倩碧 Qiànbì	크리니크
芬迪 Fēndí	펜디	科颜氏 Kēyánshì	키엘
普拉达 Pǔlādá	프라다	托尼魅力 Tuōní Mèilì	토니모리

인천공항 100% 활용하기!

인천공항 편의 시설

스파온에어 SPA ON AIR

스파와 찜질방을 즐길 수 있는 유료 서비스 공간입니다. 샤워실, 휴게실, 라운지도 마련되어 있으며 구두 수선 서비스도 제공합니다.

위치 | 제1여객터미널 지하 1층 동편

운영시간 | 00:00~24:00

샤워실

인천공항을 이용하는 환승객은 무료로 이용 가능하며, 일반 탑승객은 3천원의 요금을 받습니다. 공항 내 총 다섯 곳이 있습니다.

위치 | 탑승동 4층 중앙 / 제1여객터미널 4층 면세 지역 25번 게이트·29번 게이트 부근 / 제2여객터미널 4층 면세 지역 231번 게이트·268번 게이트 부근

운영시간 | 00:00~24:00

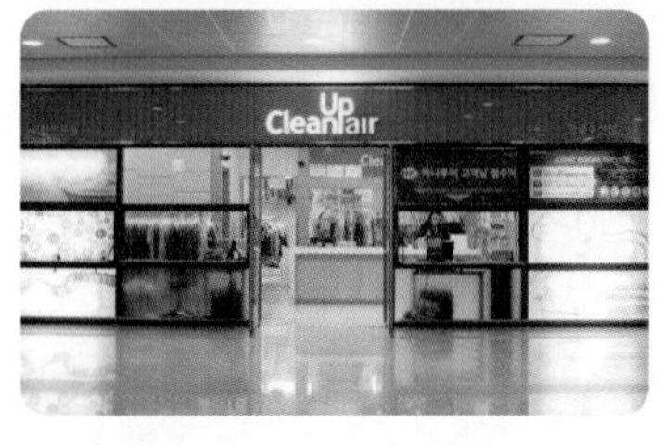

클린업에어 Clean up air

외투 보관 서비스를 제공하는 세탁소입니다. 드라이클리닝뿐 아니라 구두 수선, 운동화 세탁까지 가능합니다.

위치 | 제1여객터미널 지하 1층 서편 / 제2여객터미널 교통센터 지하 1층 동측 버스매표소 근처

운영시간 | 08:00~20:00(제1여객터미널) / 07:00~22:00(제2여객터미널)

공항의료센터

인하대병원 공항의료센터가 각 터미널마다 있습니다. 제1여객터미널 의료센터에서는 가정의학과, 치과 진료를 받을 수 있고 24시간 연중 무휴로 응급 진료가 가능합니다. 제2여객터미널에서는 가정의학과 및 외과 진료와 응급 진료를 받을 수 있습니다.

위치 | 제1여객터미널 지하 1층 동편 / 제2여객터미널 지하 1층 서편

운영시간 | 평일 08:30~17:30 토요일 09:00~15:00 일요일 휴무(제1여객터미널) / 평일 08:30~18:00 토·일요일 08:30~15:00(제2여객터미널)

CHAPTER

06

항공기 탑승

회화 학습하기 1

탑승 안내 Track 06-01

A 欢迎登机，
Huānyíng dēngjī,

本架[1]飞机是从仁川飞往北京的SC5128航班。
běn jià fēijī shì cóng Rénchuān fēi wǎng Běijīng de SC wǔ yāo èr bā hángbān.

B 你好！
Nǐ hǎo!

A 我帮您确认您的座位号码，请出示您的登机牌。
Wǒ bāng nín quèrèn nín de zuòwèi hàomǎ, qǐng chūshì nín de dēngjīpái.

B 好的。
Hǎo de.

A 您的座位号码是31排C座[2]，请这边通道走。
Nín de zuòwèi hàomǎ shì sānshíyī pái C zuò, qǐng zhèbiān tōngdào zǒu.

B 我的座位在后面吗?
Wǒ de zuòwèi zài hòumiàn ma?

A 不是，您的座位是普通舱第一排。
Bú shì, nín de zuòwèi shì pǔtōngcāng dì yī pái.

请您确认行李架下方的座位号码。
Qǐng nín quèrèn xínglijià xiàfāng de zuòwèi hàomǎ.

B 好的，谢谢。
Hǎo de, xièxie.

단어 익히기 1

Track 06-02

确认 quèrèn 명 동 확인(하다)

请确认后，再给我联系。
Qǐng quèrèn hòu, zài gěi wǒ liánxì.
확인하신 후, 다시 저에게 연락해 주세요.

号码 hàomǎ 명 번호

网上购买免税品，需要护照号码。
Wǎngshàng gòumǎi miǎnshuìpǐn, xūyào hùzhào hàomǎ.
인터넷으로 면세품을 구입하려면 여권 번호가 필요합니다.

通道 tōngdào 명 복도, 통로

这是职员专用通道。
Zhè shì zhíyuán zhuānyòng tōngdào.
이것은 직원 전용 통로입니다.

后面 hòumiàn 명 뒤(쪽)

在后面有空座位。
Zài hòumiàn yǒu kòng zuòwèi.
뒤쪽에 빈 좌석이 있습니다.

行李架 xínglijià 명 머리 위 선반, 오버헤드빈

太大的东西不能放在行李架上。
Tài dà de dōngxi bù néng fàng zài xínglijià shàng.
너무 큰 물건은 선반 위에 보관하실 수 없습니다.

下方 xiàfāng 명 아래(쪽)

救生衣在您座位下方。
Jiùshēngyī zài nín zuòwèi xiàfāng.
구명조끼는 좌석 아래에 있습니다.

회화 학습하기 2

기내 좌석 안내 Track 06-03

A 您好，您的座位是靠通道位[3]。
Nín hǎo, nín de zuòwèi shì kào tōngdào wèi.

B 您好，我想坐在靠窗位，我现在可不可以换座位?
Nín hǎo, wǒ xiǎng zuò zài kào chuāng wèi, wǒ xiànzài kě bu kěyǐ huàn zuòwèi?

A 今天我们的飞机差不多满客了。
Jīntiān wǒmen de fēijī chàbuduō mǎn kè le.

如果有空座位的话[4]，我帮您换座位。
Rúguǒ yǒu kòng zuòwèi dehuà, wǒ bāng nín huàn zuòwèi.

B 好的，我知道了。
Hǎo de, wǒ zhīdào le.

승객들이 모두 착석한 후

A 先生，后面有靠窗位，您要换座位吗?
Xiānsheng, hòumiàn yǒu kào chuāng wèi, nín yào huàn zuòwèi ma?

B 我要，谢谢。
Wǒ yào, xièxie.

A 请把您的行李带好。
Qǐng bǎ nín de xíngli dàihǎo.

请跟我来。
Qǐng gēn wǒ lái.

단어 익히기 2

Track 06-04

想 xiǎng 조동 ~하고 싶다, ~하기를 바라다

我想去韩国旅游。
Wǒ xiǎng qù Hánguó lǚyóu.
저는 여행하러 한국에 가고 싶어요.

换 huàn 동 교환하다, 바꾸다

碟子换新的吧。
Diézi huàn xīn de ba.
접시를 새것으로 바꿔 주세요.

差不多 chàbuduō 부 거의, 대체로

差不多等了两个小时。
Chàbuduō děng le liǎng ge xiǎoshí.
거의 두 시간을 기다렸습니다.

满 mǎn 형 가득하다, 가득 차 있다

今天的航班是满客。
Jīntiān de hángbān shì mǎn kè.
오늘 항공편은 만석입니다.

空 kòng 형 비다, 텅 비다

餐厅里还有很多空座位。
Cāntīng li hái yǒu hěn duō kòng zuòwèi.
식당 안에는 아직 빈 자리가 많습니다.

跟 gēn 동 따라가다, 좇아가다

他太快了，我跟不上他。
Tā tài kuài le, wǒ gēnbushàng tā.
그는 너무 빨라서, 나는 그를 따라갈 수 없어요.

표현 들여다보기

1 양사 架

항공기를 세는 양사는 架이며, 架는 일반적으로 기계 장치가 설치된 사물이나 받침대가 있는 사물을 셀 때 사용합니다.

本架飞机是从仁川飞往北京的SC5128航班。
Běn jià fēijī shì cóng Rénchuān fēi wǎng Běijīng de SC wǔ yāo èr bā hángbān.
이 비행기는 인천에서 베이징으로 가는 SC5128 항공편입니다.

本架飞机是最新机型。 이 항공기는 최신 기종입니다.
Běn jià fēijī shì zuìxīn jīxíng.

这架照相机设有录像功能。 이 카메라는 동영상 촬영 기능이 있습니다.
Zhè jià zhàoxiàngjī shèyǒu lùxiàng gōngnéng.

2 31排C座

항공기 탑승권에 좌석이 '31C'라고 표기되어 있는 경우 '31열 C좌석'이라고 읽습니다. '열'과 '좌석'은 각각 排와 座로 표현합니다.

您的座位号码是31排C座。 손님 좌석 번호는 31열 C좌석입니다.
Nín de zuòwèi hàomǎ shì sānshíyī pái C zuò.

28排H座 28열 H좌석
èrshíbā pái H zuò

53排D座 53열 D좌석
wǔshísān pái D zuò

3 靠通道位

항공기 좌석은 창가 쪽 좌석, 중간 좌석, 통로 쪽 좌석으로 구분할 수 있습니다. 그중 통로 쪽 좌석은 '靠 기대다', '通道 통로', '位 좌석'을 함께 써 靠通道位로 표현합니다. 동사 靠를 생략하여 通道位라고 표현하기도 합니다. 靠窗位는 '창가 쪽 좌석'이라는 뜻이고 '窗口 chuāngkǒu 창문'이라는 명사를 사용한 窗口位 또한 같은 의미입니다.

您的座位是靠通道位。 손님 좌석은 통로 쪽 좌석입니다.
Nín de zuòwèi shì kào tōngdào wèi.

靠通道位 kào tōngdào wèi 통로 쪽 좌석

中间位 zhōngjiān wèi 중간 좌석

靠窗位 kào chuāng wèi 창가 쪽 좌석

4 如果……的话

如果……的话는 가정을 나타내는 말로 '만약 ~라면'이라는 뜻입니다. 如果만을 사용하거나 ……的话만을 사용하여도 같은 의미가 됩니다.

如果有空座位的话，我帮您换座位。 만약 빈 좌석이 있으면 자리를 바꿔 드리겠습니다.
Rúguǒ yǒu kòng zuòwèi dehuà, wǒ bāng nín huàn zuòwèi.

如果明天下雨，航班会延误。 만약 내일 비가 온다면 항공편이 지연될 수도 있습니다.
Rúguǒ míngtiān xià yǔ, hángbān huì yánwù.

有意见的话，及时告诉我。 의견이 있다면 즉시 저에게 알려 주세요.
Yǒu yìjiàn dehuà, jíshí gàosu wǒ.

실력 향상하기

1 녹음을 듣고 그림에 맞게 A, B, C를 써 넣어 보세요. Track 06-05

(1)

(   )

(2)

(   )

(3)

(   )

2 녹음을 듣고 내용과 일치하면 O, 일치하지 않으면 ×를 표시해 보세요. Track 06-06

(1) 救生衣在您座位后面。 (   )

(2) 差不多等了两个小时。 (   )

(3) 餐厅里还有很多空座位。 (   )

3 빈칸에 들어갈 알맞은 단어를 골라 문장을 완성해 보세요.

排　架　通道　带

(1) 本__________飞机是从仁川飞往北京的SC5128航班。

(2) 您的座位号码是31__________C座。

(3) 您的座位是靠__________位。

(4) 请把您的行李__________好。

4 다음 문장을 중국어로 바꿔 보세요.

(1) 머리 위 선반 아래의 좌석 번호를 확인해 주시기 바랍니다.

→ ______________________________

(2) 지금 자리를 바꿀 수 있나요?

→ ______________________________

(3) 만약 빈 좌석이 있으면 자리를 바꿔 드리겠습니다.

→ ______________________________

5 다음 상황에 어울리도록 대화를 완성해 보세요.

(1)

A: 我的座位在后面吗?

B: 不是，______________________________

(2)

A: 后面有靠窗位，______________________________

B: 我要，谢谢。

확장 표현 더하기

15세 미만의 어린이는 비상구 좌석에 앉을 수 없습니다.

未满15周岁的孩子不能坐在紧急出口座位。

Wèi mǎn shíwǔ zhōusuì de háizi bù néng zuò zài jǐnjí chūkǒu zuòwèi.

비상구 좌석은 항공기 비상 상황 발생 시 승무원을 도와 다른 승객들의 탈출을 도울 수 있는 승객에 한하여 좌석을 배정하도록 규정하고 있습니다. 따라서 15세 미만의 승객이나 노약자, 유아 동반 승객, 신체 장애가 있는 승객 등은 좌석 배정에 제한을 두고 있으며, 사전 좌석 배정이 되지 않습니다.

실례합니다만, 다른 승객이 지나가실 수 있도록 좀 비켜 주세요.

不好意思，请让一下以便其他旅客过去。

Bù hǎoyìsi, qǐng ràng yíxià yǐbiàn qítā lǚkè guòqù.

탑승 과정 중 통로에서 짐을 정리하거나 자리를 찾지 못한 승객으로 인해 탑승이 지연되는 경우가 있습니다. 항공기는 정해진 이륙 시간을 준수해야 하며 승객 탑승 과정에서 통로를 확보하는 것은 승무원의 중요한 업무입니다.

지금 좌석 업그레이드가 가능한가요?

现在可以办升级手续吗?

Xiànzài kěyǐ bàn shēngjí shǒuxù ma?

좌석 업그레이드는 발권 시 처리하는 것이 일반적이지만 간혹 기내에서 서비스를 요청하는 승객도 있습니다. 이러한 경우 상위 클래스의 좌석 판매 상황을 확인하여 기내에서 현장 결제 후에 좌석 업그레이드가 가능합니다.

제 좌석에 다른 사람이 앉아 있습니다.

有人坐在我的座位上了。

Yǒu rén zuò zài wǒ de zuòwèi shàng le.

한 좌석에 두 명의 승객이 배정된 채 발권된 상황을 더블시트(double seat)라고 합니다. 이럴 때는 우선 승객에게 양해를 구하고 빈 좌석이 있는지 확인 후 좌석을 재배정합니다.

Track 06-07

항공기 내부 시설

机门 jīmén	기내 문, 도어	行李架 xínglijià	머리 위 선반, 오버헤드빈
机翼 jīyì	비행기 날개	呼唤铃 hūhuànlíng	승무원 호출 버튼, 콜 버튼
发动机 fādòngjī	엔진	阅读灯 yuèdúdēng	독서등
头等舱 tóuděngcāng	퍼스트 클래스	应急撤离灯 yìngjí chèlídēng	비상 탈출등
公务舱 / 商务舱 gōngwùcāng / shāngwùcāng	비즈니스 클래스	娱乐系统 yúlè xìtǒng	오락 시스템
经济舱 / 普通舱 jīngjìcāng / pǔtōngcāng	이코노미 클래스	靠背 kàobèi	등받이
客舱通道 kècāng tōngdào	객실 통로	扶手 fúshǒu	팔걸이
驾驶舱 jiàshǐcāng	기장실	遮光板 zhēguāngbǎn	햇빛 가리개
厨房 chúfáng	기내 주방, 갤리	滑梯 huátī	탈출 슬라이드
机组休息室 jīzǔ xiūxishì	기조 휴게실, 크루 휴게실	紧急出口座位 jǐnjí chūkǒu zuòwèi	비상구 좌석

기내 서비스 용품

枕头 zhěntou	베개	牙具 yájù	양치 용품
毛毯 máotǎn	담요	报纸 bàozhǐ	신문
眼罩 yǎnzhào	안대	耳机 ěrjī	이어폰
袜子 wàzi	양말	延长安全带 yáncháng ānquándài	연장 안전벨트
拖鞋 tuōxié	슬리퍼	婴儿安全带 yīng'ér ānquándài	유아용 안전벨트

장거리 비행할 때 조심하세요!

이코노미 클래스 증후군

이코노미 클래스를 이용하여 장거리를 비행할 경우 협소한 공간에 오랜 시간 같은 자세로 앉아 있게 됩니다. 이렇게 좁고 불편한 공간에 고정된 자세로 앉아 장시간 비행할 경우 다리 정맥의 혈액 순환이 느려져 발이 붓는 현상이 나타날 수 있습니다. 심한 경우 하체에 일부 혈액이 정체되고 굳어져 혈전이 생기게 되고, 이 혈전이 심장을 거쳐 폐동맥을 막으면 호흡곤란을 일으킬 수 있습니다. 이러한 질환을 심부정맥 혈전증이라고 하며 '이코노미 클래스 증후군'이라 부르기도 합니다. 약 20년 전, 영국의 20대 여성이 호주 시드니에서 영국 런던까지 약 20시간의 장거리 비행 후 숨지면서 이 증상이 알려지기 시작했습니다.

이코노미 클래스 증후군을 방지하기 위해 항공사에서는 승객들이 기내에서 일정한 간격을 두고 가벼운 스트레칭 또는 마사지를 하거나, 통로를 가볍게 걸어다니며 몸을 움직이도록 안내하고 있습니다. 또한 기내 체조 영상을 방영하여 함께 스트레칭 할 수 있도록 유도하기도 합니다. 기내 체조 영상은 승객이 좁은 공간에서 스스로 따라 할 수 있는 쉬운 동작으로 구성되며, 기내 통로에서 승무원들이 승객을 향해 시범을 보이기도 합니다.

이 밖에도 수분을 충분히 섭취하거나, 기내용 양말이나 슬리퍼를 신는 것도 이코노미 클래스 증후군을 예방하는 방법이라고 합니다. 장거리 여행을 계획 중이라면 여러 가지 예방법을 미리 알아보는 것이 어떨까요?

CHAPTER

07

안전 검사 및 이륙

회화 학습하기 1

수하물 보관 안내 Track 07-01

A 先生，我帮您把行李放到行李架上，好吗？
Xiānsheng, wǒ bāng nín bǎ xíngli fàng dào xínglijià shàng, hǎo ma?

B 我常用的东西在包里面，不可以放在这边吗？
Wǒ chángyòng de dōngxi zài bāo lǐmiàn, bù kěyǐ fàng zài zhèbiān ma?

A 对不起，紧急情况时会妨碍撤离，通道上不能[1]放行李。
Duìbuqǐ, jǐnjí qíngkuàng shí huì fáng'ài chèlí, tōngdào shàng bù néng fàng xíngli.

B 啊，我知道了。
À, wǒ zhīdào le.

A 谢谢您的理解，这里面有没有[2]酒瓶或者容易碎的物品？
Xièxie nín de lǐjiě, zhè lǐmiàn yǒu méiyǒu jiǔpíng huòzhě róngyì suì de wùpǐn?

B 包里有一瓶酒。
Bāo li yǒu yì píng jiǔ.

A 那，请把您的行李放在您的座位下面。
Nà, qǐng bǎ nín de xíngli fàng zài nín de zuòwèi xiàmiàn.

B 好的。谢谢您。
Hǎo de. Xièxie nín.

단어 익히기 1

Track 07-02

紧急情况 jǐnjí qíngkuàng 긴급 상황, 비상사태

发生紧急情况时，不要着急。
Fāshēng jǐnjí qíngkuàng shí, bú yào zháojí.
긴급 상황 발생 시 침착하십시오.

撤离 chèlí 동 떠나다, 탈출하다

撤离时，不要带行李。
Chèlí shí, bú yào dài xíngli.
탈출 시 짐을 가져가지 마십시오.

容易 róngyì 형 쉽다, 용이하다

这个问题太容易了。
Zhège wèntí tài róngyì le.
이 문제는 너무 쉬워요.

妨碍 fáng'ài 명 동 방해(하다), 지장(을 주다)

喝咖啡会妨碍睡眠。
Hē kāfēi huì fáng'ài shuìmián.
커피를 마시는 것은 수면을 방해할 수 있습니다.

理解 lǐjiě 명 동 이해(하다)

他们都不理解我的想法。
Tāmen dōu bù lǐjiě wǒ de xiǎngfǎ.
그들 모두 제 생각을 이해하지 못합니다.

碎 suì 동 깨지다, 부서지다

玻璃杯易碎。
Bōlibēi yì suì.
유리잔은 깨지기 쉽습니다.

회화 학습하기 2

승객 좌석 안전 검사 Track 07-03

A 小姐，我们的飞机马上就要起飞了[3]，请系好安全带。
Xiǎojiě, wǒmen de fēijī mǎshàng jiù yào qǐfēi le, qǐng jìhǎo ānquándài.

B 好的，但是我的孩子怎么办？
Hǎo de, dànshì wǒ de háizi zěnme bàn?

A 我为您准备了婴儿安全带。
Wǒ wèi nín zhǔnbèi le yīng'ér ānquándài.

抱着[4]孩子，固定在您的安全带上，
Bàozhe háizi, gùdìng zài nín de ānquándài shàng,

然后给孩子系好安全带就可以。
ránhòu gěi háizi jìhǎo ānquándài jiù kěyǐ.

B 好的，谢谢。
Hǎo de, xièxie.

A 小姐，请调直您的靠背。
Xiǎojiě, qǐng tiáozhí nín de kàobèi.

先生，麻烦您，请把你的手机调到飞行模式。
Xiānsheng, máfan nín, qǐng bǎ nǐ de shǒujī tiáodào fēixíng móshì.

谢谢您的合作。
Xièxie nín de hézuò.

단어 익히기 2

Track 07-04

起飞 qǐfēi 동 (비행기가) 이륙하다

天气不好，飞机不能起飞。
Tiānqì bù hǎo, fēijī bù néng qǐfēi.
날씨가 좋지 않아 비행기가 이륙할 수 없습니다.

安全带 ānquándài 안전벨트

每个人都要系好安全带。
Měi ge rén dōu yào jìhǎo ānquándài.
모두 안전벨트를 착용해야 합니다.

准备 zhǔnbèi 동 준비하다

我在准备明天的考试。
Wǒ zài zhǔnbèi míngtiān de kǎoshì.
저는 내일 시험을 준비하고 있습니다.

固定 gùdìng 동 고정하다

把相框固定好。
Bǎ xiàngkuàng gùdìng hǎo.
액자를 고정하세요.

调 tiáo 동 조정하다, 조절하다

用这个按钮可以调声音。
Yòng zhège ànniǔ kěyǐ tiáo shēngyīn.
이 버튼을 사용하여 소리를 조절할 수 있습니다.

靠背 kàobèi 명 의자 등받이

为了后面的旅客，请调直靠背。
Wèile hòumiàn de lǚkè, qǐng tiáozhí kàobèi
뒤에 계신 승객을 위해 의자 등받이를 세워 주세요.

飞行模式 fēixíng móshì 비행모드

在飞机上可以使用飞行模式下的手机。
Zài fēijī shàng kěyǐ shǐyòng fēixíng móshì xià de shǒujī.
비행기에서는 비행모드로 휴대전화를 사용할 수 있습니다.

표현 들여다보기

1 조동사 不能

能은 '~할 수 있다'라는 의미의 조동사로, 능력이 있어서 할 수 있거나 어떤 조건 하에 할 수 있음을 나타냅니다. 부정형은 조동사 앞에 부정부사 不를 놓아 표현합니다. '~할 수 없다'라는 의미를 나타내며, 조건이 허락되지 않아 할 수 없는 경우에 사용합니다.

通道上不能放行李。 통로에는 짐을 둘 수 없습니다.
Tōngdào shàng bù néng fàng xíngli.

明天下雨的话，我们不能去爬山。 내일 만약 비가 오면 우리는 등산을 갈 수 없습니다.
Míngtiān xià yǔ dehuà, wǒmen bù néng qù páshān.

我们明天能不能去爬山? 우리는 내일 등산 갈 수 있나요?
Wǒmen míngtiān néng bu néng qù páshān?

2 정반의문문 有没有

'정반의문문'은 동사나 형용사의 긍정형과 부정형을 나열하여 의문문을 만든 것입니다. 이때는 문장 끝에 어기조사 吗를 사용하지 않습니다. 술어 有는 부정형인 没有를 함께 써 정반의문문을 만듭니다. 또한 조동사가 있는 문장을 정반의문문으로 만들 때는 조동사의 긍정형과 부정형을 함께 사용하여 의문문을 만듭니다.

这里面有没有酒瓶或者容易碎的物品? 이 안에 술병이나 깨지기 쉬운 물건이 있습니까?
Zhè lǐmiàn yǒu méiyǒu jiǔpíng huòzhě róngyì suì de wùpǐn?

关于这件事情，你有没有意见? 이 일과 관련하여 의견이 있습니까?
Guānyú zhè jiàn shìqing, nǐ yǒu méiyǒu yìjiàn?

你要不要看这部电影? 당신은 이 영화를 보고 싶습니까?
Nǐ yào bu yào kàn zhè bù diànyǐng?

3 就要……了

就要……了는 '곧 ~할 것이다'의 의미로, 새로운 상황이 곧 발생하려고 하거나 어떤 상황이 곧 변화하려고 함을 나타냅니다. 就要는 快要 kuài yào와 바꾸어 쓸 수 있지만 就要 앞에는 시간과 관련된 표현이 올 수 있으나 快要 앞에는 올 수 없다는 점을 주의해야 합니다.

我们的飞机马上就要起飞了。 우리 비행기는 곧 이륙할 예정입니다.
Wǒmen de fēijī mǎshàng jiù yào qǐfēi le.

电影就要开始了。 영화가 곧 시작할 예정입니다.
Diànyǐng jiù yào kāishǐ le.

汉语课快要结束了。 중국어 수업이 곧 끝납니다.
Hànyǔ kè kuài yào jiéshù le.

4 동태조사 着

着는 동사 뒤에 놓여 동작이 지속되거나 어떤 상태가 지속됨을 나타내는 동태조사입니다. '주어+동사+着+목적어'의 형식으로 쓰이며, '~하고 있다, ~한 상태이다'의 의미로 해석할 수 있습니다.

抱着孩子，固定在您的安全带上。 아이를 안은 채로, 손님의 안전벨트 위에 고정해 주세요.
Bàozhe háizi, gùdìng zài nín de ānquándài shàng.

请坐下，不要站着。 서 있지 말고 앉으세요.
Qǐng zuòxià, bú yào zhànzhe.

你不要躺着看书。 누워서 책을 보지 마십시오.
Nǐ bú yào tǎngzhe kàn shū.

실력 향상하기

1 녹음을 듣고 그림에 맞게 A, B, C를 써 넣어 보세요. Track 07-05

(1)

( )

(2)

( )

(3)

( )

2 녹음을 듣고 내용과 일치하면 O, 일치하지 않으면 ×를 표시해 보세요. Track 07-06

(1) 发生紧急情况时，不要撤离。 ( )

(2) 天气不好，飞机不能起飞。 ( )

(3) 每个人都要系好安全带。 ( )

3 빈칸에 들어갈 알맞은 단어를 골라 문장을 완성해 보세요.

就要　妨碍　不能　着

(1) 明天下雨的话，我们________去爬山。

(2) 喝咖啡会________睡眠。

(3) 电影________开始了。

(4) 抱________孩子，固定在您的安全带上。

4 다음 문장을 중국어로 바꿔 보세요.

(1) 짐을 의자 아래에 놓아 주시기 바랍니다.

→ ____________________

(2) 뒤에 계신 승객을 위해 의자 등받이를 세워 주세요.

→ ____________________

(3) 휴대전화를 비행모드로 바꿔 주십시오.

→ ____________________

5 다음 상황에 어울리도록 대화를 완성해 보세요.

(1)

A: 对不起，____________________

B: 啊，我知道了。

(2)

A: 我的孩子怎么办?

B: ____________________

확장 표현 더하기

이륙 중에는 어떠한 전자 기기도 사용할 수 없습니다.

飞机起飞过程当中，所有的电子设备都不可以使用。

Fēijī qǐfēi guòchéng dāngzhōng, suǒyǒu de diànzǐ shèbèi dōu bù kěyǐ shǐyòng.

기내에 반입할 수 있는 전자 기기는 사용에 일정한 규제가 있습니다. 스마트폰을 포함한 휴대용 전자 기기는 반드시 비행모드로 설정한 경우에만 모든 비행 단계에서 사용 가능하며, 휴대전화 음성 통화와 데이터 통신은 비행 중 사용이 불가합니다.

비상구 좌석 앞에는 짐을 놓아두실 수 없습니다.

在紧急出口座位前面不能放行李。

Zài jǐnjí chūkǒu zuòwèi qiánmiàn bù néng fàng xíngli.

탈출 통로의 확보를 위해 비상구 좌석 앞의 공간에는 크기와 관계 없이 어떠한 짐도 보관할 수 없습니다.

연장 안전벨트를 준비해 드리겠습니다.

为您准备延长安全带。

Wèi nín zhǔnbèi yáncháng ānquándài.

좌석 상의 안전벨트가 맞지 않는 경우, 연장 안전벨트(엑스트라 벨트)를 제공하여 안전벨트를 착용할 수 있도록 돕습니다.

머리 위 선반이 이미 꽉 찼습니다. 손님의 짐을 옷장에 보관해도 괜찮겠습니까?

行李架已满。把您的行李放在衣帽间里，好吗?

Xínglijià yǐ mǎn. Bǎ nín de xíngli fàng zài yīmàojiān li, hǎo ma?

머리 위 선반(오버헤드빈)이 가득 찼을 경우, 승객의 동의 하에 짐을 옷장에 보관할 수 있습니다. 승객 하기 시 승객에게 짐을 정확히 되돌려 줄 수 있도록 승객 좌석 번호를 잘 부착하는 것이 중요합니다.

Track 07-07

항공기 안전 관련

颠簸 diānbǒ	터불런스, 기류 변화
火灾 huǒzāi	화재
失压 shīyā	실압
撤离 chèlí	비상탈출
陆地迫降 lùdì pòjiàng	비상착륙
水上迫降 shuǐshàng pòjiàng	비상착수
救生衣 jiùshēngyī	구명의
婴儿救生衣 yīng'ér jiùshēngyī	유아용 구명의
救生船 jiùshēngchuán	구명정, 구명보트
定位发射机 dìngwèi fāshèjī	방위측정용 신호 발신기 (radio beacon)
灭火瓶 mièhuǒpíng	소화기
氧气瓶 yǎngqìpíng	산소통
氧气面罩 yǎngqì miànzhào	산소마스크
防护式呼吸装置 fánghùshì hūxī zhuāngzhì	호흡보호장비(방독면), PBE(protective breathing equipment)
麦克风 màikèfēng	마이크로폰, 확성기
应急斧子 yìngjí fǔzi	응급 도끼
急救箱 jíjiùxiāng	구급상자, FAK(first aid kit)
应急医疗箱 yìngjí yīliáoxiāng	응급 의료상자, EMK(emergency medical kit)
卫生防疫包 wèishēng fángyìbāo	위생방역 가방, UPK(universal precaution kit)
演示包 yǎnshìbāo	데모키트(demo kit)

기내 주방 설비 및 도구

餐车 cānchē	식사 카트
托盘 tuōpán	쟁반, 트레이
刀叉 dāochā	나이프·포크
开瓶器 kāipíngqì	병따개, 오프너
水壶 shuǐhú	주전자
烤箱 kǎoxiāng	오븐
微波炉 wēibōlú	전자레인지
冰箱 bīngxiāng	냉장고

안전한 비행을 위해 집중해야 할 순간!

위험한 11분

항공기 운항의 전 과정에서 가장 위험한 순간은 언제일까요? 이륙 후 3분, 착륙 전 8분이 바로 항공기 사고의 위험성이 가장 높은 '위험한 11분(critical eleven minutes)'입니다. 보잉사의 통계 자료에 따르면 전체 항공기 사고의 68%가 이 '위험한 11분'이라 불리는 이착륙 단계에서 발생했다고 합니다. 이 시간 동안은 항공기에 탑승해 있는 승무원뿐만 아니라 승객들도 집중해야 합니다.

이착륙 단계에서 일어난 사고의 대표적인 예가 '허드슨강의 기적'이라 불리는 사고입니다. 2009년 승객과 승무원 155명을 태우고 뉴욕의 라구아디아 공항을 출발하던 유에스 에어웨이즈(US Airways) 소속 여객기가 이륙 후 약 2분 만에 새떼와의 충돌로 엔진에 불이 붙으면서 센트럴파크 인근 허드슨강에 불시착했습니다. 다행히 기장의 과감한 결단으로 허드슨강에 비상 착륙한 비행기는 추락 24분 만에 탑승객 전원이 안전하게 구출되었죠. 이 실화를 바탕으로 영화가 만들어지기도 했습니다.

항공기는 일반적으로 다른 교통수단에 비해 사고의 위험성이 낮고 안전하긴 하지만, 이착륙 단계에서는 사고의 위험성이 높아집니다. 또한 사고가 일단 발생하면 큰 인명 피해가 발생하는 대형 사고로 이어지므로, 공항과 기내에서 이루어지는 안전 검사와 승무원의 지시에 적극적인 협조가 필요합니다.

CHAPTER

08

식사·음료 서비스

회화 학습하기 1

식사 메뉴 안내 및 음료 서비스 Track 08-01

A 我们为您准备了鸡肉饭和牛肉面，您用哪[1]种餐食？
Wǒmen wèi nín zhǔnbèi le jīròufàn hé niúròumiàn, nín yòng nǎ zhǒng cānshí?

B 两种餐食都不辣的吗？
Liǎng zhǒng cānshí dōu bú là de ma?

A 是的。
Shì de.

B 那给我一份鸡肉饭吧。
Nà gěi wǒ yí fèn jīròufàn ba.

A 好的，请慢用[2]。您喝点什么饮料？
Hǎo de, qǐng màn yòng. Nín hē diǎn shénme yǐnliào?

B 有什么饮料？
Yǒu shénme yǐnliào?

A 我们有可乐、果汁、啤酒、矿泉水，热饮有咖啡和绿茶。
Wǒmen yǒu kělè、guǒzhī、píjiǔ、kuàngquánshuǐ, rèyǐn yǒu kāfēi hé lǜchá.

B 我要一杯加冰的可乐。
Wǒ yào yì bēi jiā bīng de kělè.

단어 익히기 ❶

Track 08-02

餐食 cānshí 명 식사, 음식

有些乘客吃不惯飞机上的餐食。
Yǒuxiē chéngkè chībuguàn fēijī shàng de cānshí.
몇몇 승객은 기내에서의 식사를 입에 맞지 않아 합니다.

辣 là 형 맵다

这道菜辣不辣?
Zhè dào cài là bu là?
이 음식은 매운가요?

饮料 yǐnliào 명 음료

我太渴了，要喝点儿饮料。
Wǒ tài kě le, yào hē diǎnr yǐnliào.
나는 너무 목이 말라서 음료를 좀 마셔야겠어요.

可乐 kělè 명 콜라

我要一杯健怡可乐。
Wǒ yào yì bēi jiànyí kělè.
다이어트 콜라 한 잔 주세요.

果汁 guǒzhī 명 과일주스

今天有什么果汁?
Jīntiān yǒu shénme guǒzhī?
오늘은 어떤 종류의 과일주스가 있나요?

啤酒 píjiǔ 명 맥주

夏天喝一瓶啤酒好爽阿!
Xiàtiān hē yì píng píjiǔ hǎo shuǎng a!
여름에 마시는 맥주 한 병은 정말 시원해요!

咖啡 kāfēi 명 커피

咖啡要加糖吗?
Kāfēi yào jiā táng ma?
커피에 설탕을 넣으시겠어요?

绿茶 lǜchá 명 녹차

喝绿茶对身体很好。
Hē lǜchá duì shēntǐ hěn hǎo.
녹차를 마시는 것은 몸에 이롭습니다.

회화 학습하기 2

대체 식사 추천 Track 08-03

A 很抱歉，现在只[3]剩下了牛肉面，没关系吗?
Hěn bàoqiàn, xiànzài zhǐ shèngxià le niúròumiàn, méi guānxi ma?

B 除了牛肉面以外没有别的吗?
Chúle niúròumiàn yǐwài méiyǒu bié de ma?

A 对不起。牛肉面味道也很好，您可以尝一尝。
Duìbuqǐ. Niúròumiàn wèidào yě hěn hǎo, nín kěyǐ cháng yi cháng.

B 那好吧，但是我觉得面条有点[4]不够。
Nà hǎo ba, dànshì wǒ juéde miàntiáo yǒudiǎn búgòu.

A 先生，我再为您准备些水果和面包，好吗?
Xiānsheng, wǒ zài wèi nín zhǔnbèi xiē shuǐguǒ hé miànbāo, hǎo ma?

B 好的。
Hǎo de.

A 这是牛肉面、水果和面包。请慢用。
Zhè shì niúròumiàn、shuǐguǒ hé miànbāo. Qǐng màn yòng.

B 谢谢。
Xièxie.

단어 익히기 ②

Track 08-04

尝 cháng 동 맛보다

你尝尝吧。味道不错。
Nǐ chángchang ba. Wèidào búcuò.
한번 맛보세요. 맛이 좋습니다.

觉得 juéde 동 ~라고 느끼다, ~라고 여기다

我觉得机内有点干燥。
Wǒ juéde jī nèi yǒudiǎn gānzào.
기내가 조금 건조하게 느껴집니다.

不够 búgòu 형 부족하다

觉得菜不够，再点几个吧。
Juéde cài búgòu, zài diǎn jǐ ge ba.
음식이 부족한 것 같으니 몇 개 더 시킵시다.

再 zài 부 별도로, 더

我已经吃完了，再来一碗吧。
Wǒ yǐjīng chīwán le, zài lái yì wǎn ba.
저는 벌써 다 먹었습니다. 한 그릇 더 주세요.

水果 shuǐguǒ 명 과일

在这个地区产的水果特别甜。
Zài zhège dìqū chǎn de shuǐguǒ tèbié tián.
이 지역에서 생산된 과일은 특히 달아요.

面包 miànbāo 명 빵

有没有备份的面包?
Yǒu méiyǒu bèifèn de miànbāo?
여분의 빵이 있나요?

표현 들여다보기

1 의문대사 哪

'어떤, 어느'라는 뜻을 가진 의문대사입니다. 보통 뒤에 양사 혹은 명사와 결합하여 의문문을 만듭니다.

您用哪种餐食? 어떤 종류의 식사를 드시겠습니까?
Nín yòng nǎ zhǒng cānshí?

今天你要穿哪件? 오늘 어떤 옷을 입을 건가요?
Jīntiān nǐ yào chuān nǎ jiàn?

这是哪国的钱币? 이것은 어느 나라의 화폐입니까?
Zhè shì nǎ guó de qiánbì?

2 동사 用

用은 '사용하다, 쓰다'라는 뜻의 동사로 쓰이기도 하지만, '먹다, 마시다'를 공손하게 말할 때에도 쓰입니다. 따라서 손님에게 식사를 제공할 때 用을 사용할 수 있습니다. 请慢用은 '천천히 드십시오'라는 뜻으로 우리말의 '맛있게 드십시오'에 해당합니다.

请慢用。 맛있게 드십시오.
Qǐng màn yòng.

请用茶。 차 드세요.
Qǐng yòng chá.

用好了吗? 다 드셨습니까?
Yònghǎo le ma?

3 부사 只

只는 '단지, 오직'의 의미를 가진 부사입니다. '남다, 남기다'라는 뜻의 剩下와 함께 써서 '只剩下…… ~만 남았다'라고 말할 수 있습니다. 기내식 서비스 중 식사의 한 종류가 모두 소진되어 다른 한 종류만 남았을 때 사용할 수 있는 표현입니다.

现在只剩下了牛肉面。 현재 소고기면만 남아 있습니다.
Xiànzài zhǐ shèngxià le niúròumiàn.

只剩下一分钟。 단 1분 남았습니다.
Zhǐ shèngxià yì fēnzhōng.

我只需要一杯咖啡。 저는 커피 한 잔만을 원합니다.
Wǒ zhǐ xūyào yì bēi kāfēi.

4 부사 有点

有点은 '조금, 약간'이라는 뜻으로, 형용사 앞에 놓여 정도가 심하지 않음을 나타냅니다. 주로 부정적인 의미를 나타내는 형용사와 함께 쓰입니다.

但是我觉得面条有点不够。 그런데 면으로는 조금 부족한 것 같아요.
Dànshì wǒ juéde miàntiáo yǒudiǎn búgòu.

屋子里有点潮湿。 방 안이 조금 습합니다.
Wūzi li yǒudiǎn cháoshī.

这商品有点贵。 이 상품은 약간 비쌉니다.
Zhè shāngpǐn yǒudiǎn guì.

실력 향상하기

1 녹음을 듣고 그림에 맞게 A, B, C를 써 넣어 보세요. Track 08-05

(1) (2) (3)

( ) ( ) ( )

2 녹음을 듣고 내용과 일치하면 O, 일치하지 않으면 X를 표시해 보세요. Track 08-06

(1) 我觉得机内有点干燥。 ( )

(2) 喝绿茶对身体不好。 ( )

(3) 夏天喝一瓶可乐好爽阿！ ( )

3 빈칸에 들어갈 알맞은 단어를 골라 문장을 완성해 보세요.

只 有点 哪 用

(1) 您________哪种餐食？

(2) 今天你要穿________件？

(3) 我________需要一杯咖啡。

(4) 这商品________贵。

4 다음 문장을 중국어로 바꿔 보세요.

(1) 어떤 음료를 마시겠습니까?

→ ______________________

(2) 현재 소고기면만 남아 있습니다.

→ ______________________

(3) 손님을 위해 과일과 빵을 더 준비해 드리겠습니다.

→ ______________________

5 다음 상황에 어울리도록 대화를 완성해 보세요.

(1)

A: 有什么饮料?

B: ______________________

(2)

A: ______________________

B: 好的，请慢用。

확장 표현 더하기

특별 기내식을 주문하셨습니까?

你预订了特殊餐吗?

Nǐ yùdìng le tèshūcān ma?

특별 기내식(special meal)이 준비되어 있다면 승객 좌석 번호와 신청한 특별 기내식 종류를 미리 파악하여 승객이 주문한 식사가 맞는지 확인 후 서비스 합니다.

식사는 필요 없습니다. 식사 외에 다른 것이 있습니까?

我现在不想吃餐食。除了餐食有没有别的?

Wǒ xiànzài bú xiǎng chī cānshí. Chúle cānshí yǒu méiyǒu bié de?

일부 승객은 비행 중 식사를 부담스러워하기도 합니다. 이러한 경우에는 기내식에 포함된 샐러드나 빵, 과일 등 가벼운 디저트를 제공할 수 있습니다.

저는 따뜻한 물을 마시고 싶어요.

我要喝温水。

Wǒ yào hē wēnshuǐ.

중국 승객 중에는 기내에서 따뜻한 물을 요청하는 분이 종종 있습니다. 따뜻한 물이나 차를 즐겨 마시는 중국인의 습관 때문으로 보이는데요. 따뜻한 물은 温水라고도 하고 白开水 báikāishuǐ라고도 합니다.

Track 08-07

기내식 관련

中式 zhōngshì	중국식		红葡萄酒 hóng pútaojiǔ	레드와인
西式 xīshì	서양식		白葡萄酒 bái pútaojiǔ	화이트와인
牛肉 niúròu	소고기		牛奶 niúnǎi	우유
猪肉 zhūròu	돼지고기		番茄汁 fānqiézhī	토마토주스
鸡肉 jīròu	닭고기		茉莉花茶 mòlìhuāchá	자스민차
鱼肉 yúròu	생선		龙井茶 lóngjǐngchá	용정차
海鲜 hǎixiān	해산물		铁观音茶 tiěguānyīnchá	철관음차
面条 miàntiáo	면, 면류		点心 diǎnxīn	스낵
粥 zhōu	죽, 스프		糖 táng	설탕
甜品 tiánpǐn	디저트		盐 yán	소금

특별 기내식

特殊餐 tèshūcān	특별 기내식		糖尿餐 tángniàocān	당뇨식
婴儿餐 yīng'ércān	유아식		低脂肪餐 dīzhīfángcān	저지방식
儿童餐 értóngcān	아동식		穆斯林餐 mùsīlíncān	이슬람교식
海鲜餐 hǎixiāncān	해산물식		印度教餐 Yìndùjiàocān	힌두교식

알고 먹으면 더 맛있다!

기내식의 비밀

기내식을 먹으면 살이 찐다?

'하늘 위 만찬'이라 불리는 기내식. 항공사들은 저마다 기내식 메뉴 개발에 공을 들이고 있습니다. 그런데 기내식이 일반 식사보다 칼로리가 더 높은 경우가 많다는 사실 알고 계셨나요? 이는 혹시 모를 비상 상황이 발생했을 경우 기내식으로 채운 열량으로 생존 기간을 늘리기 위함입니다.

비행기를 타면 당기는 것이 있다?

항공기 소음은 단맛을 덜 느끼게 하는 반면 감칠맛은 강하게 느끼게 한다는 실험 결과가 있습니다. 따라서 토마토주스의 감칠맛은 비행기에서 더욱 진하게 느껴진다고 해요. 그래서인지 기내 음료 서비스 중 토마토주스를 찾는 승객들이 많다고 합니다. 이유를 알고 나니 비행기에서 감칠맛이 극대화된 토마토주스를 한번 맛보고 싶습니다.

승무원이 먹는 기내식은 따로 있다?

승무원에게는 승객과 다른 별도의 기내식이 준비되는데 이를 승무원식(crew meal)이라고 합니다. 또한 기장과 부기장의 식사는 서로 다른 재료를 사용하고 조리법을 달리하여 만듭니다. 이는 항공기의 안전을 위한 조치로, 기장과 부기장 모두가 혹시 모를 식중독 등에 동시에 노출되지 않게 하기 위함입니다.

특별식을 미리 신청하여 이용할 수 있다?

일반 기내식 외에 건강 상의 이유나 종교, 연령 등의 이유로 일반적으로 제공되는 기내식을 먹을 수 없는 승객을 위해 다양한 특별 기내식이 제공됩니다. 보통 항공기 출발 24시간 전까지 미리 신청해야 이용이 가능합니다. 단, 공동운항편의 경우 항공기 출발 48시간 전까지 주문해야 하며, 특별 기내식의 종류에 따라 이 기간은 변동될 수 있습니다.

CHAPTER

09

입국 서류 서비스

회화 학습하기 1

입국 신고서 배포 Track 09-01

A 请问，您到上海，对吗？
Qǐngwèn, nín dào Shànghǎi, duì ma?

B 不是，我在上海转机[1]飞往夏威夷。
Bú shì, wǒ zài Shànghǎi zhuǎnjī fēi wǎng Xiàwēiyí.

A 是吗？那您不用[2]填写入境卡。
Shì ma? Nà nín búyòng tiánxiě rùjìngkǎ.

B 好的，谢谢。
Hǎo de, xièxie.

다른 승객을 향하여

A 先生，你们是团体的吗？
Xiānsheng, nǐmen shì tuántǐ de ma?

C 对的。
Duì de.

A 你们办了团体签证还是个人签证？
Nǐmen bàn le tuántǐ qiānzhèng háishi gèrén qiānzhèng?

C 我们办了团体签证。
Wǒmen bàn le tuántǐ qiānzhèng.

A 那，你们不用填写入境卡，
Nà, nǐmen búyòng tiánxiě rùjìngkǎ,

个人签证的话必须要填写。
gèrén qiānzhèng dehuà bìxū yào tiánxiě.

단어 익히기 1

Track 09-02

不用 búyòng 부 ~할 필요가 없다

你不用给他打电话。
Nǐ búyòng gěi tā dǎ diànhuà.
당신은 그에게 전화할 필요 없어요.

填写 tiánxiě 동 기입하다, 써넣다

请填写这个表格。
Qǐng tiánxiě zhège biǎogé.
이 양식을 작성해 주세요.

入境卡 rùjìngkǎ 명 입국신고서

宝宝也需要填写入境卡。
Bǎobǎo yě xūyào tiánxiě rùjìngkǎ.
아기도 입국 신고서를 작성해야 합니다.

团体 tuántǐ 명 단체

我去北京团体旅游了。
Wǒ qù Běijīng tuántǐ lǚyóu le.
나는 베이징으로 단체 관광을 갔습니다.

个人 gèrén 명 개인

我们不能单独保管个人物品。
Wǒmen bù néng dāndú bǎoguǎn gèrén wùpǐn.
우리는 개인 물품을 별도로 보관할 수 없습니다.

必须 bìxū 부 반드시 ~해야 한다

军人必须完成任务。
Jūnrén bìxū wánchéng rènwù.
군인은 반드시 임무를 완성해야 합니다.

입국 서류 작성 안내 Track 09-03

A 先生，入境韩国时一定要填写入境卡、
Xiānsheng, rùjìng Hánguó shí yídìng yào tiánxiě rùjìngkǎ、
检疫申报单和海关申报单。
jiǎnyì shēnbàodān hé hǎiguān shēnbàodān.
海关申报单一家人写一张就可以了。
Hǎiguān shēnbàodān yì jiārén xiě yì zhāng jiù kěyǐ le.

B 我有外国人登陆证[3]。
Wǒ yǒu wàiguórén dēnglùzhèng.

A 那你不用填写入境卡，
Nà nǐ búyòng tiánxiě rùjìngkǎ,
只要填写检疫申报单和海关申报单。
zhǐ yào tiánxiě jiǎnyì shēnbàodān hé hǎiguān shēnbàodān.

B 我没带申报的东西，还要填写海关申报单吗?
Wǒ méi dài shēnbào de dōngxi, hái yào tiánxiě hǎiguān shēnbàodān ma?

A 虽然[4]您没有申报的东西，还是要填写。
Suīrán nín méiyǒu shēnbào de dōngxi, háishi yào tiánxiě.

B 好的，我知道了。我可以用中文填写吗?
Hǎo de, wǒ zhīdào le. Wǒ kěyǐ yòng Zhōngwén tiánxiě ma?

A 不好意思，您要用英文大写填写。
Bù hǎoyìsi, nín yào yòng Yīngwén dàxiě tiánxiě.

단어 익히기 ❷

Track 09-04

一定 yídìng 부 반드시, 꼭

一定要关闭手机吗?
Yídìng yào guānbì shǒujī ma?
휴대전화를 반드시 꺼야 하나요?

检疫 jiǎnyì 명 동 검역(하다)

这只动物需要检疫。
Zhè zhī dòngwù xūyào jiǎnyì.
이 동물은 검역이 필요합니다.

申报 shēnbào 명 동 신고(하다)

自行申报时可减免税金。
Zìxíng shēnbào shí kě jiǎnmiǎn shuìjīn.
자진 신고 시 세금을 감면해 줍니다.

海关 hǎiguān 명 세관

请协助海关检查。
Qǐng xiézhù hǎiguān jiǎnchá.
세관 검사에 협조해 주십시오.

家人 jiāén 명 가족, 식구

你们是一家人吗?
Nǐmen shì yì jiārén ma?
한 가족이십니까?

大写 dàxiě 명 대문자

英文大写用于句首或专名的第一个字母。
Yīngwén dàxiě yòngyǔ jù shǒu huò zhuānmíng de dì yī ge zìmǔ.
영어 대문자는 문장 첫머리나 고유 명사의 첫 글자에 쓰입니다.

표현 들여다보기

1 동사 转机

转机는 '비행기를 갈아타다, 환승하다'라는 뜻의 동사입니다. '在+경유지+转机+飞往+목적지'의 순서로 쓰여 '(경유지)에서 환승하여 (목적지)로 가다'라고 표현할 수 있습니다.

我在上海转机飞往夏威夷。 나는 상하이를 경유하여 하와이로 갑니다.
Wǒ zài Shànghǎi zhuǎnjī fēi wǎng Xiàwēiyí.

我在香港转机飞往纽约。 나는 홍콩을 경유하여 뉴욕으로 갑니다.
Wǒ zài Xiānggǎng zhuǎnjī fēi wǎng Niǔyuē.

我要在东京转机。 나는 도쿄에서 비행기를 갈아타야 합니다.
Wǒ yào zài Dōngjīng zhuǎnjī.

2 부사 不用

不用은 동사 앞에 놓여 '~할 필요가 없다'의 뜻을 나타냅니다. 不用 대신 같은 뜻을 가진 부사 不必 búbì로 바꾸어 쓸 수 있습니다.

您不用填写入境卡。 입국 신고서를 쓰실 필요 없습니다.
Nín búyòng tiánxiě rùjìngkǎ.

不用担心，事情已经解决了。 걱정 마세요. 사건은 이미 해결되었습니다.
Búyòng dānxīn, shìqing yǐjīng jiějué le.

不必客气，这是应该的。 사양하지 마세요. 이것은 당연한 것입니다.
Búbì kèqi, zhè shì yīnggāi de.

3 外国人登陆证

외국인 등록증은 우리나라에 장기 체류하는 외국인을 대상으로 발급하는 신분증의 일종입니다. 한국 입국 시 외국인 등록증을 소지한 외국인 승객은 입국신고서를 작성하지 않아도 됩니다.

我有外国人登陆证。 저는 외국인 등록증이 있습니다.
Wǒ yǒu wàiguórén dēnglùzhèng.

外国人登陆证的有效期已满了。 외국인 등록증의 유효기간이 이미 만료되었습니다.
Wàiguórén dēnglùzhèng de yǒuxiàoqī yǐ mǎn le.

请快速更新外国人登陆证。 신속히 외국인 등록증을 갱신하세요.
Qǐng kuàisù gēngxīn wàiguórén dēnglùzhèng.

4 접속사 虽然

虽然은 '비록 ~하지만'이라는 뜻의 접속사입니다. 뒷절에 앞절의 내용과 상반되는 내용이 나올 때 전환관계를 표현하기 위해 사용됩니다. 뒷절에는 보통 '그러나'라는 의미를 가진 但是 dànshì, 可是 kěshì 등의 접속사가 함께 호응합니다. 회화 본문에는 '여전히'라는 뜻의 부사 还是가 쓰여 '비록 ~하지만, 여전히 ~하다'라는 의미를 나타내고 있습니다.

虽然您没有申报的东西，还是要填写。
Suīrán nín méiyǒu shēnbào de dōngxi, háishi yào tiánxiě.
신고할 물건이 없어도 작성하셔야 합니다.

虽然今天天气不好，但是我们要去爬山。
Suīrán jīntiān tiānqì bù hǎo, dànshì wǒmen yào qù páshān.
오늘 날씨가 좋지 않지만 우리는 등산을 가려고 해요.

他虽然没有经验，可是工作做得很不错。
Tā suīrán méiyǒu jīngyàn, kěshì gōngzuò zuò de hěn búcuò.
그는 비록 경험이 없지만, 일은 꽤 잘합니다.

실력 향상하기

1 녹음을 듣고 그림에 맞게 A, B, C를 써 넣어 보세요. Track 09-05

(1)

( )

(2)

( )

(3)

( )

2 녹음을 듣고 내용과 일치하면 O, 일치하지 않으면 X를 표시해 보세요. Track 09-06

(1) 宝宝也需要填写入境卡。 ( )

(2) 你不用给他打电话。 ( )

(3) 我们办了个人签证。 ( )

3 빈칸에 들어갈 알맞은 단어를 골라 문장을 완성해 보세요.

不用　虽然　登陆证　转机

(1) 我在上海__________飞往夏威夷。

(2) 您__________填写入境卡。

(3) __________今天天气不好，但是我们要去爬山。

(4) 我有外国人__________。

4 다음 문장을 중국어로 바꿔 보세요.

(1) 단체 관광객이십니까?

→ ______________________________

(2) 단체 비자를 받으셨습니까, 개인 비자를 받으셨습니까?

→ ______________________________

(3) 신고할 물건이 없어도 작성하셔야 합니다.

→ ______________________________

5 다음 상황에 어울리도록 대화를 완성해 보세요.

(1)

A: ______________________________

B: 不是，我在上海转机飞往夏威夷。

(2)

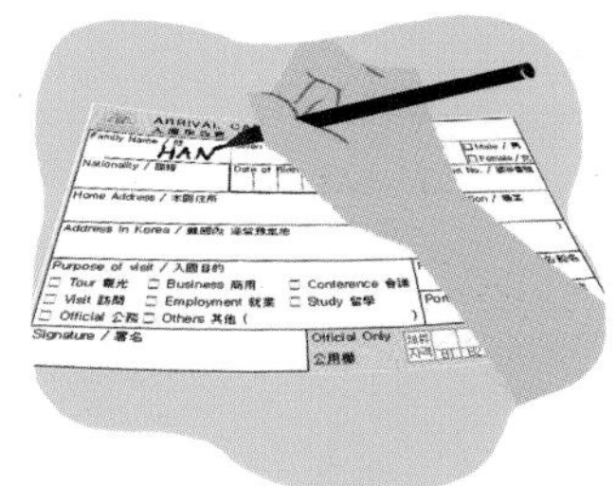

A: 我可以用中文填写吗?

B: 不好意思，______________________________

확장 표현 더하기

개인 비자를 발급받은 승객께서는 입국 신고서를 작성해 주시기 바랍니다.

办理个人签证的旅客，请填写入境卡。

Bànlǐ gèrén qiānzhèng de lǚkè, qǐng tiánxiě rùjìngkǎ.

중국으로 입국 시 개인 비자를 발급받았다면, 반드시 입국 신고서를 작성한 후 입국 심사를 받아야 합니다. 만약 단체 관광을 위하여 단체 비자를 발급받았다면 입국 신고서를 작성하지 않아도 됩니다.

주소란에는 한국 내 체류지 주소를 기입해 주세요. 호텔 주소도 괜찮습니다.

在地址栏上填写韩国地址。填写酒店的地址也可以。

Zài dìzhǐlán shàng tiánxiě Hánguó dìzhǐ. Tiánxiě jiǔdiàn de dìzhǐ yě kěyǐ.

입국 신고서를 작성할 때, 주소 기입란을 보고 난감해 하는 승객들이 종종 있습니다. 주소 기입란에는 도착 국가의 체류지 주소를 적으면 됩니다. 해당 국가에 체류하는 동안 묵을 숙소 주소나 호텔 주소를 적습니다.

건강 상태 질문서는 의무 작성입니다. 작성 후 가지고 내리시기 바랍니다.

每个人都要填写检疫申报单。填完后带上下飞机。

Měi ge rén dōu yào tiánxiě jiǎnyì shēnbàodān. Tiánwán hòu dài shàng xià fēijī.

질병관리본부가 지정한 검역 감염병 오염 지역에 체류하거나 경유한 사람은 입국 시 반드시 건강 상태 질문서를 작성하여 검역관에게 제출해야 합니다. 해당 승객에게 건강 상태 질문서 작성을 안내하도록 합니다.

Track 09-07

출입국 서류 작성 관련

중국어	뜻	중국어	뜻
入境卡 rùjìngkǎ	입국 신고서	航班号 hángbānhào	항공기 편명
出境卡 chūjìngkǎ	출국 신고서	入境事由 rùjìng shìyóu	입국 목적
姓 xìng	성	商务 shāngwù	비즈니스
名 míng	이름	访问 fǎngwèn	방문
国籍 guójì	국적	观光 guānguāng	관광
护照号码 hùzhào hàomǎ	여권 번호	返回常住地 fǎnhuí chángzhùdì	거주지 귀국
在华住地 zài huá zhùdì	중국 체류지 주소	其他 qítā	기타
性别 xìngbié (男 nán / 女 nǚ)	성별(남/녀)	签名 qiānmíng	서명
出生日期 chūshēng rìqī	생년월일	自助旅行 zìzhù lǚxíng	개인 여행
签证号码 qiānzhèng hàomǎ	비자 번호	团体旅行 tuántǐ lǚxíng	단체 여행
签证签发地 qiānzhèng qiānfādì	비자 발급지	携带物品 xiédài wùpǐn	휴대 물품

모두를 위한 항공 여정을 꿈꾸며!

항공사의 다양한 고객 서비스

성인 비동반 소아(UM, Unaccompanied Minor)

성인을 동반하지 않은 만 5세 이상~만 11세 이하 어린이가 이용할 수 있는 서비스입니다. 혼자 여행하는 어린이가 탑승권을 받는 순간부터 목적지에 도착하여 보호자에게 인계되는 시점까지 안전하게 여행할 수 있도록 세심하게 돌보아 줍니다. 출국 심사부터 항공기 탑승까지 전담 지상 직원이 동행하며, 항공기 탑승 시에 담당 객실 승무원에게 인계합니다. 담당 객실 승무원은 기내에서 UM 승객이 무엇을 먹고 마시고 언제 쉬는지 자세하게 기록하여 보호자에게 전달합니다.

거동이 불편한 승객

신체적, 건강상의 이유로 거동이 불편한 승객에게 휠체어 서비스를 제공합니다. 탑승 수속부터 탑승까지 전담 직원이 이동을 도우며, 휠체어를 이용하여 기내에 탑승할 수 있도록 합니다. 또한 도착지 공항에 연락하여 도착 후 하기 도어 바로 앞에서 다시 휠체어를 이용할 수 있도록 준비합니다.

시각 · 청각장애인 승객

시각·청각장애인 승객 혹은 의료 도움이 필요한 승객에게 의료 서비스를 지원하며 탑승 수속부터 기내 탑승까지 전담 직원이 안내합니다. 시각장애인 승객이 필요로 하는 경우 인도견이 기내에 함께 탑승할 수 있습니다.

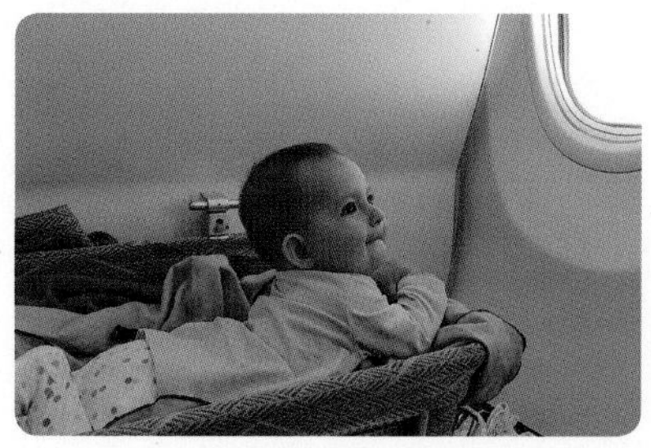

유아 동반 승객

유아 동반 승객은 공항에서 무료로 유모차를 대여할 수 있습니다. 항공사를 통해 사전 예약하면 유아용 기내식 및 유아용 시트를 신청할 수 있고, 아이가 11kg 미만, 75cm 이하일 경우에는 유아용 요람 설치도 가능합니다.

CHAPTER

10

착륙 및 하기

회화 학습하기 1

도착지 정보 안내 Track 10-01

A 先生，我们大约下午1点50分左右[1]
Xiānsheng, wǒmen dàyuē xiàwǔ yī diǎn wǔshí fēn zuǒyòu
到达上海浦东国际机场。
dàodá Shànghǎi Pǔdōng guójì jīchǎng.

B 现在几点?
Xiànzài jǐ diǎn?

A 现在是韩国时间下午2点20分，
Xiànzài shì Hánguó shíjiān xiàwǔ liǎng diǎn èrshí fēn,
北京当地时间下午1点20分。
Běijīng dāngdì shíjiān xiàwǔ yī diǎn èrshí fēn.
韩国和中国有一个小时的时差。
Hánguó hé Zhōngguó yǒu yí ge xiǎoshí de shíchā.

B 啊，好的。谢谢您。
À, hǎo de. Xièxie nín.

A 还有上海的地面温度是8摄氏度，46华氏度[2]。
Háiyǒu Shànghǎi de dìmiàn wēndù shì bā shèshìdù, sìshíliù huáshìdù.

B 天气预报说，上海要下雨。
Tiānqì yùbào shuō, Shànghǎi yào xià yǔ.

A 现在温度有点低，但是没有下雨。
Xiànzài wēndù yǒudiǎn dī, dànshì méiyǒu xià yǔ.

B 谢谢，我知道了。
Xièxie, wǒ zhīdào le.

단어 익히기 ❶

Track 10-02

大约 dàyuē 부 대략, 아마

我们大约几点见面?
Wǒmen dàyuē jǐ diǎn jiànmiàn?
우리 대략 몇 시에 만날까요?

当地时间 dāngdì shíjiān 명 현지 시각

咱们当地时间早上九点在大厅集合吧。
Zánmen dāngdì shíjiān zǎoshang jiǔ diǎn zài dàtīng jíhé ba.
우리 현지 시각으로 오전 9시에 로비에서 모입시다.

时差 shíchā 명 시차

韩国和中国的时差是多少?
Hánguó hé Zhōngguó de shíchā shì duōshao?
한국과 중국의 시차는 얼마나 됩니까?

天气预报 tiānqì yùbào 명 일기 예보

今天你看天气预报了吗?
Jīntiān nǐ kàn tiānqì yùbào le ma?
오늘 일기 예보 봤나요?

温度 wēndù 명 온도

现在教室内的温度太高了。
Xiànzài jiàoshì nèi de wēndù tài gāo le.
현재 교실 실내 온도가 너무 높아요.

低 dī 형 낮다

外面的温度很低，你准备好外套吧。
Wàimiàn de wēndù hěn dī, nǐ zhǔnbèi hǎo wàitào ba.
바깥 온도가 매우 낮으니 겉옷을 준비하세요.

회화 학습하기 2

착륙 후 좌석 대기 및 하기 Track 10-03

A 先生，飞机正在滑行。
Xiānsheng, fēijī zhèngzài huáxíng.

为了您的安全，请在座位上坐好并系好安全带。
Wèile nín de ānquán, qǐng zài zuòwèi shàng zuòhǎo bìng jìhǎo ānquándài.

B 因为航班延误，我怕赶不上[3]联机。
Yīnwèi hángbān yánwù, wǒ pà gǎnbushàng liánjī.

A 对不起，滑行时站起来的话，很危险。
Duìbuqǐ, huáxíng shí zhàn qǐlai dehuà, hěn wēixiǎn.

飞机停稳后我帮您先下机。
Fēijī tíngwěn hòu wǒ bāng nín xiān xià jī.

비행기가 완전히 멈춘 후

A 飞机完全停稳，请您不要忘带随身物品。
Fēijī wánquán tíngwěn, qǐng nín bú yào wàngdài suíshēn wùpǐn.

B 啊，谢谢！我差点[4]忘带了手机。
À, xièxie! Wǒ chàdiǎn wàngdài le shǒujī.

A 祝您旅途愉快。再见。
Zhù nín lǚtú yúkuài. Zàijiàn.

B 辛苦了，谢谢。
Xīnkǔ le, xièxie.

단어 익히기 2

Track 10-04

滑行 huáxíng 동 활주하다, 택싱하다

飞机在跑道上开始滑行。
Fēijī zài pǎodào shàng kāishǐ huáxíng.
비행기가 활주로에서 택싱을 시작했습니다.

怕 pà 형 걱정하다, 염려하다

我怕这件事情不能解决。
Wǒ pà zhè jiàn shìqing bù néng jiějué.
나는 이 사건을 해결할 수 없을까 봐 걱정됩니다.

危险 wēixiǎn 형 위험하다

开车时超速很危险。
Kāichē shí chāosù hěn wēixiǎn.
운전할 때 과속은 매우 위험합니다.

下机 xià jī 동 비행기에서 내리다

下机时，小心脚下。
Xià jī shí, xiǎoxīn jiǎoxià.
비행기에서 내리실 때 발밑을 조심하십시오.

愉快 yúkuài 형 기쁘다, 유쾌하다

祝您周末过得愉快。
Zhù nín zhōumò guò de yúkuài.
주말 즐겁게 보내길 바랄게요.

延误 yánwù 동 지연되다, 연착되다

从北京飞往首尔的班机又延误了。
Cóng Běijīng fēi wǎng Shǒu'ěr de bānjī yòu yánwù le.
베이징에서 서울로 가는 항공편이 또 지연되었습니다.

联机 liánjī 연결편 비행기

现在天气不好，联机还没到。
Xiànzài tiānqì bù hǎo, liánjī hái méi dào.
현재 날씨가 좋지 않아서 연결편 비행기가 아직 도착하지 않았습니다.

停稳 tíngwěn 동 완전히 멈추다

地铁完全停稳后门打开了。
Dìtiě wánquán tíngwěn hòu mén dǎkāi le.
지하철이 완전히 멈춘 후에 문이 열렸습니다.

忘 wàng 동 잊어버리다

他忘了我的生日。
Tā wàng le wǒ de shēngrì.
그는 나의 생일을 잊어버렸어요.

표현 들여다보기

1 명사 左右

左右가 어림수 표현으로 사용되면 '~정도, ~가량, ~쯤'이라는 뜻입니다. 반드시 수량사와 함께 사용하여 시간, 거리 등 대략적인 수를 표현합니다.

我们大约下午1点50分左右到达。 우리는 대략 오후 1시 50분 정도에 도착합니다.
Wǒmen dàyuē xiàwǔ yī diǎn wǔshí fēn zuǒyòu dàodá.

他个子一米八左右。 그는 키가 180cm 정도입니다.
Tā gèzi yì mǐ bā zuǒyòu.

到那儿还需要20分钟左右。 그곳에 도착하려면 아직 20분 가량 더 걸립니다.
Dào nàr hái xūyào èrshí fēnzhōng zuǒyòu.

2 摄氏度/华氏度

우리나라에서는 보통 섭씨를 사용하여 온도를 표현합니다. 비행 중 승객에게는 섭씨와 화씨 두 가지 모두 써서 현지 온도를 알립니다.

上海的地面温度是8摄氏度，46华氏度。 상하이의 지면 온도는 섭씨 8도, 화씨 46도입니다.
Shànghǎi de dìmiàn wēndù shì bā shèshìdù, sìshíliù huáshìdù.

现在外面的温度为零下1摄氏度。 현재 바깥 온도는 섭씨 영하 1도입니다.
Xiànzài wàimiàn de wēndù wéi língxià yī shèshìdù.

零下1摄氏度是多少摄氏度? 섭씨 영하 1도는 화씨 몇 도입니까?
Língxià yī shèshìdù shì duōshao huáshìdù?

3 赶不上

赶不上은 '제시간에 댈 수 없다, 따라잡을 수 없다'라는 표현으로, 시간이 촉박하여 제시간을 맞출 수 없거나 수준 차이가 커서 따라잡을 수 없는 상황에 사용합니다. 반대로 '제시간에 댈 수 있다, 따라잡을 수 있다'라는 표현은 赶得上 gǎndeshàng입니다.

我怕赶不上联机。 연결편 비행기를 놓칠까 봐 걱정됩니다.
Wǒ pà gǎnbushàng liánjī.

我们差点赶不上火车。 우리 하마터면 기차를 놓칠 뻔했어요.
Wǒmen chàdiǎn gǎnbushàng huǒchē.

销售量赶得上公司的目标。 판매량이 회사의 목표를 따라잡을 수 있습니다.
Xiāoshòuliàng gǎndeshàng gōngsī de mùbiāo.

4 부사 差点

差点은 '다행히'라는 의미의 부사로, '하마터면 ~할 뻔했다'라고 해석하면 자연스럽습니다. 差点 뒤에 '원하지 않는 일'이 오면 실현되지 않기를 바라던 일이 일어나지 않아 다행임을 나타냅니다. 이때 差点 뒤에 没를 넣어도 의미는 변하지 않습니다. 반대로 差点 뒤에 '원하는 일'이 오면 원하는 일이 일어나지 않아 아쉬움을 나타냅니다.

我差点忘带了手机。 하마터면 휴대전화 가져가는 것을 잊을 뻔했네요.
Wǒ chàdiǎn wàngdài le shǒujī.

今天的比赛差点输了。 오늘 경기는 하마터면 질 뻔했어요. ➡ 지지 않아서 다행이다
Jīntiān de bǐsài chàdiǎn shū le.

= 今天的比赛差点没输。
Jīntiān de bǐsài chàdiǎn méi shū.

今天的比赛差点赢了。 오늘 경기는 거의 이길 뻔했어요. ➡ 아쉽게도 이기지 못했다
Jīntiān de bǐsài chàdiǎn yíng le.

실력 향상하기

1 녹음을 듣고 그림에 맞게 A, B, C를 써 넣어 보세요. Track 10-05

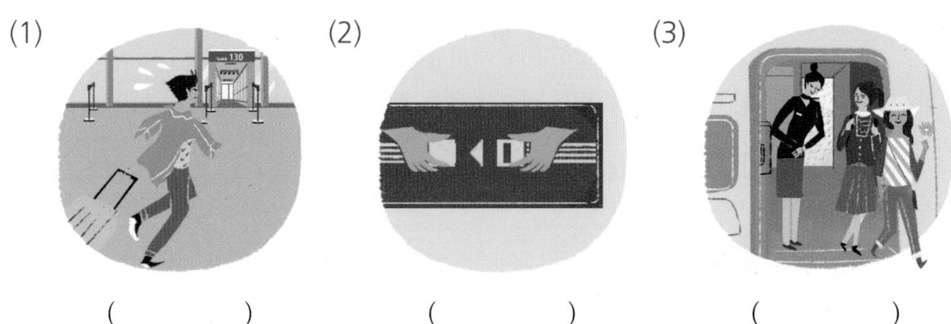

(1) (　　　)　(2) (　　　)　(3) (　　　)

2 녹음을 듣고 내용과 일치하면 O, 일치하지 않으면 X를 표시해 보세요. Track 10-06

(1) 现在教室内的温度太低了。 (　　)

(2) 飞机完全停稳后门打开了。 (　　)

(3) 飞机在跑道上开始滑行。 (　　)

3 빈칸에 들어갈 알맞은 단어를 골라 문장을 완성해 보세요.

赶不上　　左右　　差点　　温度

(1) 我们大约下午1点50分＿＿＿＿＿到达。

(2) 上海的地面＿＿＿＿＿是8摄氏度，46华氏度。

(3) 我怕＿＿＿＿＿联机。

(4) 今天的比赛＿＿＿＿＿输了。

4 다음 문장을 중국어로 바꿔 보세요.

(1) 휴대하신 물건을 잊지 마십시오.

→ ______________________

(2) 활주 시에 서 계시면 위험합니다.

→ ______________________

(3) 하마터면 휴대전화 가져가는 것을 잊을 뻔했네요.

→ ______________________

5 다음 상황에 어울리도록 대화를 완성해 보세요.

(1)

A: 韩国和中国的时差是多少?

B: ______________________

(2)

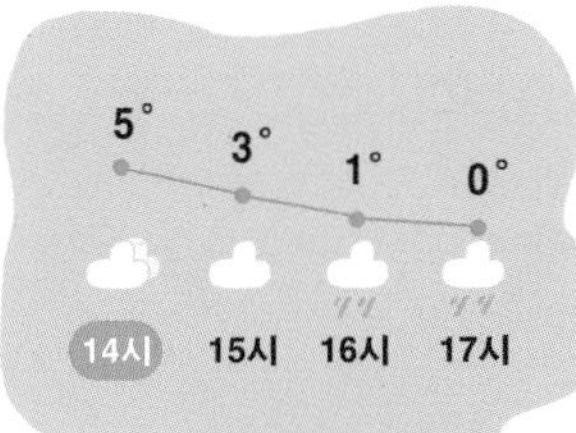

A: 天气预报说，上海要下雨。

B: ______________________

확장 표현 더하기

 **손님, 저희 비행기가 이미 하강하고 있습니다.**

先生，我们的飞机已经开始下降了。

Xiānsheng, wǒmen de fēijī yǐjīng kāishǐ xiàjiàng le.

비행기가 착륙을 위해 하강 운항할 때에는 안전을 위해 승객의 이동과 화장실 사용을 제한합니다. 모든 승객이 좌석에 앉아 안전벨트를 착용하도록 안내합니다.

손님, 지금은 택싱 중입니다. 머리 위 선반을 열면 물건이 떨어질 수 있습니다.

先生，飞机正在滑行，打开行李架的话行李会滑落。

Xiānsheng, fēijī zhèngzài huáxíng, dǎkāi xínglijià dehuà xíngli huì huáluò.

비행기 착륙 후 하기를 위한 장소로 이동, 즉 택싱하는 과정에도 승객의 이동을 제한하고 있습니다. 택싱 중에 좌석에서 이탈하면 비행기가 흔들릴 경우 안전사고로 이어질 수 있으므로 비행기가 완전히 멈출 때까지 좌석에서 대기하도록 안내해야 합니다.

좌석 앞 주머니에 잊으신 물건이 있는지 다시 한번 확인해 주십시오.

请再次确认一下座椅前面的口袋里有没有遗留物品。

Qǐng zàicì quèrèn yíxià zuòyǐ qiánmiàn de kǒudai li yǒu méiyǒu yíliú wùpǐn.

비행기에서 하기하기 전, 휴대 수하물을 잊고 내리지 않도록 좌석 앞 주머니 속을 확인하도록 안내합니다. 좌석 앞 주머니 속은 빈번히 승객의 유실물이 발견되는 장소로, 특히 여권이나 휴대전화 등 작은 부피의 소지품은 잊고 내리기 쉽습니다.

손님, 옷장에 보관하고 있던 손님 옷을 돌려 드리겠습니다.

先生，挂在衣帽间保管的衣服拿给您。

Xiānsheng, guà zài yīmàojiān bǎoguǎn de yīfu ná gěi nín.

옷장에 보관한 승객의 옷은 하강을 시작하는 단계에서 잊지 않고 되돌려 드리도록 합니다.

Track 10-07

중국 주요 도시와 3 LETTER CITY CODE

广州 Guǎngzhōu	광저우(CAN)	烟台 Yāntái	옌타이(YNT)
桂林 Guìlín	구이린(KWL)	威海 Wēihǎi	웨이하이(WEH)
南京 Nánjīng	난징(NKG)	长沙 Chángshā	창사(CSX)
大连 Dàlián	다롄(DLC)	成都 Chéngdū	청두(CTU)
北京 Běijīng	베이징(BJS)	重庆 Chóngqìng	충칭(CKG)
上海 Shànghǎi	상하이(SHA)	青岛 Qīngdǎo	칭다오(TAO)
深圳 Shēnzhèn	선전(SZX)	昆明 Kūnmíng	쿤밍(KMG)
西安 Xī'ān	시안(SIA)	天津 Tiānjīn	톈진(TSN)
沈阳 Shěnyáng	선양(SHE)	海口 Hǎikǒu	하이커우(HAK)
三亚 Sānyà	싼야(SYX)	哈尔滨 Hā'ěrbīn	하얼빈(HRB)
延吉 Yánjí	옌지(YNJ)	杭州 Hángzhōu	항저우(HGH)

하늘에서 비상 상황 발생 시 이렇게 대처하세요!

항공기 안전 수칙

비행 중 난기류를 만나거나 비행기에 비상 상황이 발생해 기체가 추락할 위기에 놓일 경우 어떻게 대처해야 할까요? 정말 아찔하고 겁이 나겠지만, 이럴 때일수록 당황하지 말고 승무원의 안내에 침착하게 따르는 것이 중요합니다.

비상 상황 발생 시 기본적인 기내 안전 수칙은 다음과 같습니다. 좌석에 앉아 좌석 등받이를 바로 세우고 안전벨트를 한 상태로 상체를 숙여 몸을 웅크립니다. 무릎 쪽으로 웅크린 자세는 팔, 다리의 골절을 최소화하고 머리에 가해지는 충격을 흡수하여 충돌 시 발생하는 피해를 줄일 수 있습니다. 허리를 숙일 만한 공간이 없다면 두 손을 포개어 앞 좌석에 대고 양팔 사이에 머리를 집어 넣습니다.

비행 중 비상용 산소마스크가 머리 위 선반에서 내려 올 경우, 보호자가 먼저 산소마스크를 착용한 후 어린이와 노약자의 산소마스크 착용을 돕습니다. 어린이와 노약자에게 먼저 산소마스크를 씌워 주느라 시간이 지체될 경우, 보호자가 의식을 잃어 더 큰 사고로 이어질 수도 있기 때문입니다.

기내에 화재 및 연기가 발생했을 때는 호흡을 위해 젖은 옷이나 수건을 사용해 코와 입을 막고 비상구로 탈출해야 합니다. 이동 시에는 최대한 몸을 낮은 자세로 숙여 기내의 유독가스 흡입을 최소화하고, 기내 바닥의 비상 탈출 유도등을 따라 비상구로 이동합니다.

CHAPTER

11

수하물 서비스

회화 학습하기 1

손상 수하물 배상 안내 Track 11-01

A 请问，我刚才领取了我的托运行李，但是我的行李破损了。
Qǐngwèn, wǒ gāngcái lǐngqǔ le wǒ de tuōyùn xíngli, dànshì wǒ de xíngli pòsǔn le.

B 您好，您领取行李时已经破损成这样了吗?
Nín hǎo, nín lǐngqǔ xíngli shí yǐjīng pòsǔn chéng zhèyàng le ma?

A 是的，我怎么处理?
Shì de, wǒ zěnme chǔlǐ?

B 我来叫相关航空公司的职员。
Wǒ lái jiào xiāngguān hángkōng gōngsī de zhíyuán.

해당 항공사 직원이 도착한 후

C 先生，首先很抱歉[1]给您添麻烦了。
Xiānsheng, shǒuxiān hěn bàoqiàn gěi nín tiān máfan le.

请您填写托运行李服务单子。
Qǐng nín tiánxiě tuōyùn xíngli fúwù dānzi.

A 可以赔偿吗?
Kěyǐ péicháng ma?

C 我先确认一下能不能修补，如果不能修补的话，
Wǒ xiān quèrèn yíxià néng bu néng xiūbǔ, rúguǒ bù néng xiūbǔ dehuà,

我们用同级的产品来赔偿。
wǒmen yòng tóngjí de chǎnpǐn lái péicháng.

我们对您再次表示抱歉。
Wǒmen duì nín zàicì biǎoshì bàoqiàn.

단어 익히기 ❶

Track 11-02

破损 pòsǔn 명 동 파손(되다)

这件行李要注意破损。
Zhè jiàn xíngli yào zhùyì pòsǔn.
이 짐은 파손에 주의해야 합니다.

领取 lǐngqǔ 동 받다, 수령하다

我打算明天去邮局领取邮件。
Wǒ dǎsuàn míngtiān qù yóujú lǐngqǔ yóujiàn.
저는 내일 우편물을 수령하러 우체국에 갈 예정입니다.

处理 chǔlǐ 동 처리하다

根据标准来处理事情。
Gēnjù biāozhǔn lái chǔlǐ shìqing.
기준에 따라 일을 처리하세요.

相关 xiāngguān 동 관련되다

先参考相关规定来处理。
Xiān cānkǎo xiāngguān guīdìng lái chǔlǐ.
먼저 관련 규정을 참고하여 처리하세요.

赔偿 péicháng 명 동 배상(하다)

我向客服中心要求赔偿了。
Wǒ xiàng kèfù zhōngxīn yāoqiú péicháng le.
나는 고객센터에 배상을 요청했습니다.

修补 xiūbǔ 명 동 수리(하다), 보수(하다)

衣服有破洞，要修补的。
Yīfu yǒu pòdòng, yào xiūbǔ de.
옷에 구멍이 나서 수선을 해야 합니다.

再次 zàicì 부 재차

希望再次见面。
Xīwàng zàicì jiànmiàn.
다시 만날 수 있기를 바랍니다.

회화 학습하기 2

분실 수하물 수취 안내 Track 11-03

A 你好，好像[2]我的托运行李还没到。
Nǐ hǎo, hǎoxiàng wǒ de tuōyùn xíngli hái méi dào.

新春航空SC5123航班的行李都出来了吗?
Xīnchūn Hángkōng SC wǔ yāo èr sān hángbān de xíngli dōu chūlái le ma?

B 您好，有行李票吗? 我来确认一下。
Nín hǎo, yǒu xíngli piào ma? Wǒ lái quèrèn yíxià.

A 可以找到吗?
Kěyǐ zhǎodào ma?

B 我们会通过托运行李管理系统尽快[3]帮您寻找。
Wǒmen huì tōngguò tuōyùn xíngli guǎnlǐ xìtǒng jǐnkuài bāng nín xúnzhǎo.

请您先在这表格上填写包的牌子、外观的特点、
Qǐng nín xiān zài zhè biǎogé shàng tiánxiě bāo de páizi、wàiguān de tèdiǎn、

里面的东西、联系号码。
lǐmiàn de dōngxi、liánxì hàomǎ.

A 那我今天得[4]先回家吧?
Nà wǒ jīntiān děi xiān huí jiā ba?

B 是的，给您添麻烦了很抱歉。
Shì de, gěi nín tiān máfan le hěn bàoqiàn.

确认情况后，尽快联系您。
Quèrèn qíngkuàng hòu, jǐnkuài liánxì nín.

단어 익히기 ②

Track 11-04

行李票 xíngli piào 수하물 표

把您的行李票给我。
Bǎ nín de xíngli piào gěi wǒ.
수하물 표를 제게 주십시오.

寻找 xúnzhǎo 동 찾다

我在寻找丢失的钱包。
Wǒ zài xúnzhǎo diūshī de qiánbāo.
저는 잃어버린 지갑을 찾고 있습니다.

表格 biǎogé 명 양식, 서식

这种表格怎么填写?
Zhè zhǒng biǎogé zěnme tiánxiě?
이 양식은 어떻게 기입합니까?

外观 wàiguān 명 외관

他的手机外观有破损。
Tā de shǒujī wàiguān yǒu pòsǔn.
그의 휴대전화는 외관이 파손되어 있습니다.

特点 tèdiǎn 명 특징

各产品具有不同的特点。
Gè chǎnpǐn jùyǒu bùtóng de tèdiǎn.
각 제품은 다른 특징을 가지고 있습니다.

联系 liánxì 명 동 연락(하다)

我们再跟您联系。
Wǒmen zài gēn nín liánxì.
저희가 다시 연락드리겠습니다.

표현 들여다보기

1 동사 抱歉

'미안해하다, 미안하게 생각하다'라는 뜻의 동사로, 손님께 불편을 끼친 것에 대해 사과할 때 사용할 수 있는 표현입니다.

首先很抱歉给您添麻烦了。 우선 불편을 드려 매우 죄송합니다.
Shǒuxiān hěn bàoqiàn gěi nín tiān máfan le.

我们对您再次表示抱歉。 다시 한번 사과의 뜻을 표합니다.
Wǒmen duì nín zàicì biǎoshì bàoqiàn.

很抱歉，让您久等了。 오래 기다리시게 해서 죄송합니다.
Hěn bàoqiàn, ràng nín jiǔ děng le.

2 부사 好像

好像은 '好像+동사/형용사'의 형태로 주로 사용되며, 우리말의 '마치 ~인 것 같다'에 해당합니다. 확실하지 않은 판단이나 추측을 표현할 때 쓰입니다.

好像我的托运行李还没到。 제 위탁 수하물이 아직 도착하지 않은 것 같습니다.
Hǎoxiàng wǒ de tuōyùn xíngli hái méi dào.

我好像见过他。 그를 본 적이 있는 것 같아요.
Wǒ hǎoxiàng jiànguo tā.

她好像是北京人。 그녀는 베이징 사람 같아요.
Tā hǎoxiàng shì Běijīng rén.

3 부사 尽快

尽快는 '되도록 빨리'라는 뜻의 부사이며, '되도록 ~하다, 할 수 있는 한 ~하다'라는 뜻의 동사 尽과 '빠르다'라는 뜻의 형용사 快를 결합한 표현입니다. 尽은 단독으로 쓰이기도 하고, 다른 단어와 결합하여 사용되기도 합니다. 자주 쓰이는 표현으로는 '尽量 jǐnliàng 가능한 한, 최대 한도로', '尽早 jǐnzǎo 되도록 일찍, 조속히' 등이 있습니다.

我们会通过托运行李管理系统尽快帮您寻找。
Wǒmen huì tōngguò tuōyùn xíngli guǎnlǐ xìtǒng jǐnkuài bāng nín xúnzhǎo.
저희가 위탁 수하물 관리 시스템을 통해서 최대한 빨리 찾아 드리도록 하겠습니다.

尽量多吃吧。 가능한 한 많이 드십시오.
Jǐnliàng duō chī ba.

我希望尽早完成这项工作。 이 일이 빨리 완성되기를 바랍니다.
Wǒ xīwàng jǐnzǎo wánchéng zhè xiàng gōngzuò.

4 조동사 得

得가 동사 앞에 놓여 '마땅히 ~해야 한다'의 의미를 가질 때는 'děi'라고 읽습니다. 得의 부정 표현은 不得가 아닌 不用 búyòng을 사용해야 하며 '~할 필요가 없다'라고 해석합니다.

我今天得先回家吧? 저는 오늘 우선 집으로 돌아가야 하겠네요?
Wǒ jīntiān děi xiān huí jiā ba?

得吃两次，饭后服用。 식후에 두 번 복용해야 합니다.
Děi chī liǎng cì, fàn hòu fúyòng.

我们明天不用参加会议。 우리는 내일 회의에 참석할 필요가 없습니다.
Wǒmen míngtiān búyòng cānjiā huìyì.

실력 향상하기

1 녹음을 듣고 그림에 맞게 A, B, C를 써 넣어 보세요. Track 11-05

(1)

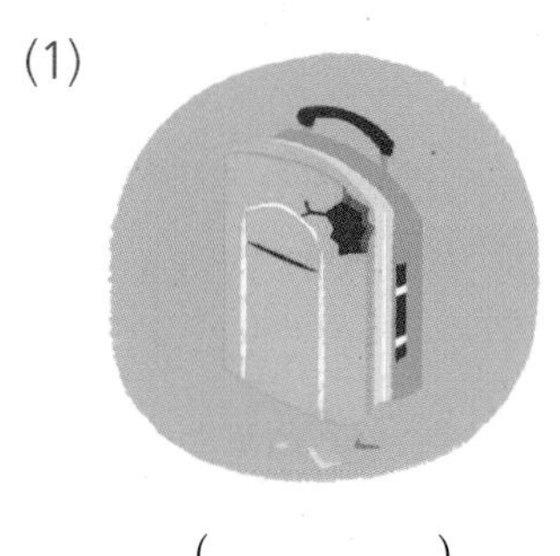

(　　　)

(2)

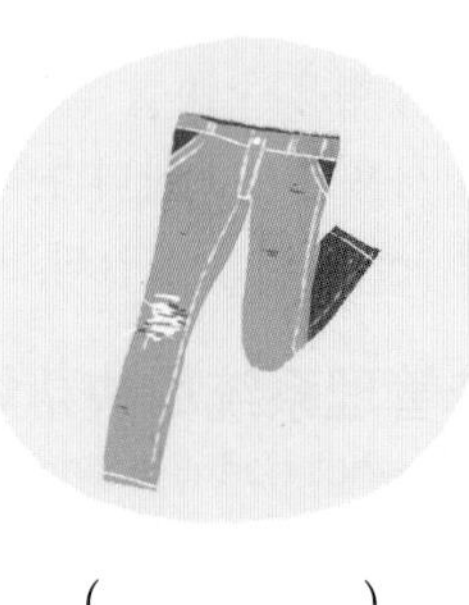

(　　　)

(3)

(　　　)

2 녹음을 듣고 내용과 일치하면 O, 일치하지 않으면 ×를 표시해 보세요. Track 11-06

(1) 他的手机外观有破损。 (　　)

(2) 我打算明天去邮局领取邮件。 (　　)

(3) 这种表格怎么填写? (　　)

3 빈칸에 들어갈 알맞은 단어를 골라 문장을 완성해 보세요.

尽快　　抱歉　　得　　好像

(1) 我们对您再次表示__________。

(2) 我__________见过他。

(3) 确认情况后，__________联系您。

(4) 我今天__________先回家吧?

4 다음 문장을 중국어로 바꿔 보세요.

(1) 위탁 수하물 서비스 서류를 작성해 주십시오.

→ ______________________________

(2) 신춘항공 SC5123 항편의 수하물이 모두 나온 건가요?

→ ______________________________

(3) 상황을 확인 후 가능한 한 빨리 연락 드리겠습니다.

→ ______________________________

5 다음 상황에 어울리도록 대화를 완성해 보세요.

(1)

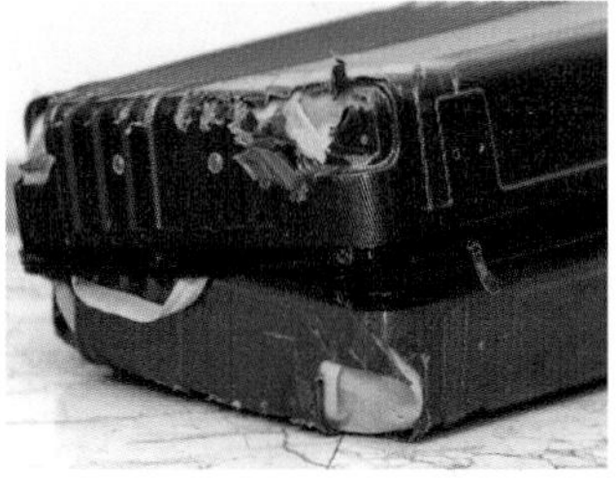

A: 您领取行李时______________?

B: 是的，我怎么处理?

(2)

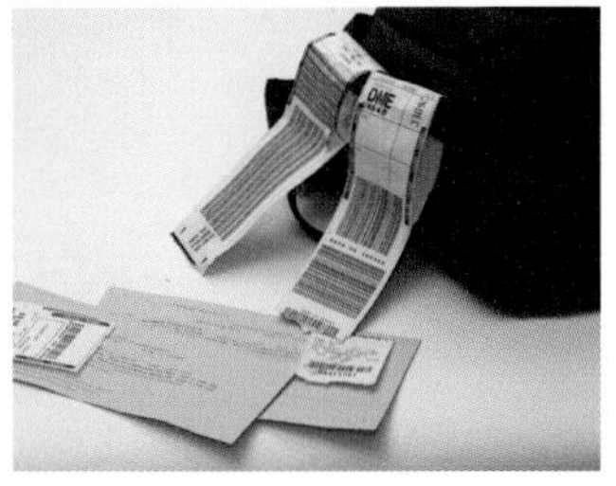

A: 好像我的托运行李还没到。

B: ______________________________

확장 표현 더하기

인천에서 출발해 베이징에 도착한 SC5238 항편의 수하물 수취대는 어디인가요?

由仁川飞往北京的SC5238航班的行李提取处在哪里?

Yóu Rénchuān fēi wǎng Běijīng de SC wǔ èr sān bā hángbān de xíngli tíqǔchù zài nǎlǐ?

수하물 수취대의 위치는 기내 방송을 통해 미리 안내되기도 하고, 경우에 따라 승무원이 직접 안내할 때도 있습니다.

스크린에서 수하물 수취대 위치를 확인할 수 있습니다.

您在屏幕上可以确认行李提取处的位置。

Nín zài píngmù shàng kěyǐ quèrèn xíngli tíqǔchù de wèizhì.

일반적으로 수하물 수취대 위치는 입국 수속 후 공항 내에 비치된 스크린에서 확인 가능합니다. 출발지와 항공기 편명에 맞는 수하물 수취대를 확인 후 해당 장소에서 수하물을 수취합니다.

제 가방이 없어졌는데 분실물 센터는 어디 있나요?

我的行李不见了，失物招领中心在哪儿?

Wǒ de xíngli bújiàn le, shīwù zhāolǐng zhōngxīn zài nǎr?

수하물 수취대에서 위탁 수하물을 찾을 수 없는 경우 분실물 센터에 가서 분실 신고를 하면 절차에 따라 짐을 찾는 것을 도와줍니다.

Track 11-07

건강 상태 질문서 작성 관련

단어	병음	뜻
腹泻	fùxiè	설사
呕吐	ǒutù	구토
腹痛	fùtòng	복통
发热	fārè	발열
发冷	fālěng	오한
鼻涕	bítì	콧물
鼻塞	bísài	코막힘
咳嗽	késou	기침
咽喉痛	yānhóu tòng	인후통
肌肉痛	jīròu tòng	근육통
头痛	tóutòng	두통
呼吸困难	hūxī kùnnan	호흡 곤란
出疹子	chū zhěnzi	발진
蚊虫叮咬	wénchóng dīngyǎo	모기 물림
眼睛充血	yǎnjing chōngxuè	눈 충혈
症状	zhèngzhuàng	증상
访问国	fǎngwènguó	방문 국가명
检疫	jiǎnyì	검역(하다)
监督	jiāndū	감독(하다)
提出	tíchū	제출(하다)

이 캐리어를 비행기에 가지고 탈 수 있나요?

기내 반입 수하물

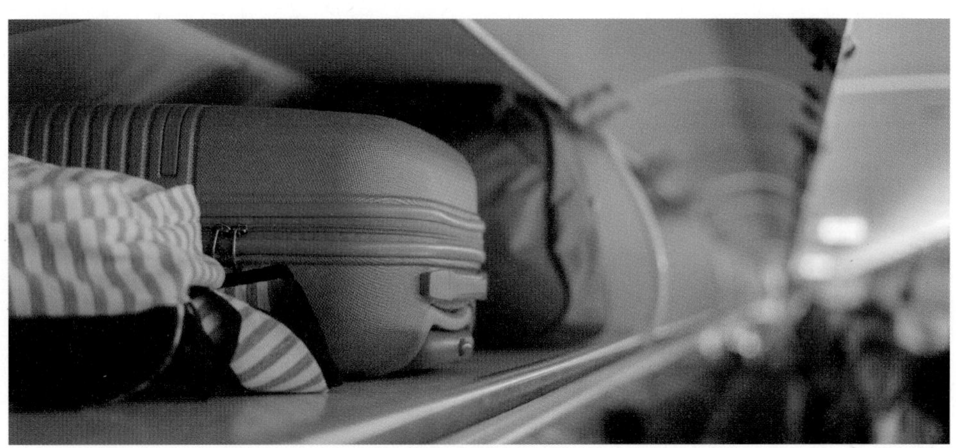

여행의 성격에 따라 짐이 적을 때도 있는데요, 이럴 때는 짐을 탁송하기보다는 기내에 가지고 타는 것이 편리할 수 있습니다. 목적지에 도착해서 위탁 수하물이 나오기까지 수하물 수취대에서 기다리는 시간을 절약할 수 있기 때문입니다.

단, 기내에 반입할 수 있는 짐은 규격이 정해져 있습니다. 항공사마다 조금씩 차이가 있지만 기본적으로 높이 55cm, 너비 40cm, 폭 20cm 정도, 3면의 합이 115cm 이하로 크기가 제한됩니다. 또한 기내 반입이 허용되는 짐의 무게도 정해져 있으니 이용하는 항공사의 규정을 미리 체크하세요.

기내로 짐을 반입하는 만큼 짐 가방 안의 물건에도 신경을 써야 합니다. 기내 반입이 금지된 물건이 들어 있지 않은지 다시 한번 확인하는 것이 좋습니다. 그중에서도 액체류 반입은 많은 탑승객들이 헷갈리는 부분입니다. 항공 보안법상 100㎖ 이상의 액체류는 절대 기내에 가지고 탈 수 없습니다. 100㎖ 이상의 아세톤과 과산화수소 등의 재료로 폭탄 제조가 가능하고, 실제로 이렇게 만든 폭탄이 테러에 사용된 사례가 있기 때문입니다.

기내에 가지고 타는 액체류는 100㎖ 이하의 용기에 담고, 이것을 다시 1ℓ 이하의 지퍼백에 넣은 상태로 준비해야 합니다. 지퍼백의 크기는 20cm×20cm 이하로, 반드시 밀봉 상태여야 하며 일인당 하나의 지퍼백을 가지고 탑승할 수 있습니다.

CHAPTER

12

세관 검사 및 환승

회화 학습하기 1

세관 검사 Track 12-01

A 你好，去X光检查台，把你的行李检查一下[1]。
Nǐ hǎo, qù X guāng jiǎnchátái, bǎ nǐ de xíngli jiǎnchá yíxià.

肩上的包也要检查的。
Jiān shàng de bāo yě yào jiǎnchá de.

B 这个也要检查吗？是我的随身物品[2]。
Zhège yě yào jiǎnchá ma? Shì wǒ de suíshēn wùpǐn.

A 是的。请给予协助。
Shì de. Qǐng jǐyǔ xiézhù.

짐이 엑스레이 검사대를 통과한 후

C 可以打开包吗？
Kěyǐ dǎkāi bāo ma?

B 可以。我没带要申报的物品。
Kěyǐ. Wǒ méi dài yào shēnbào de wùpǐn.

C 确认好了。感谢您的配合。
Quèrèn hǎo le. Gǎnxiè nín de pèihé.

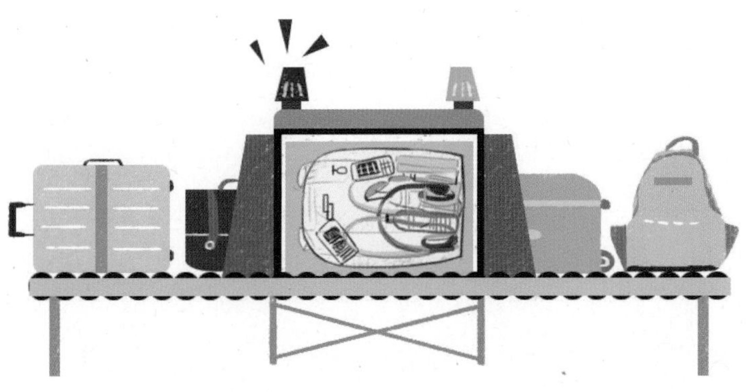

단어 익히기 1

Track 12-02

X光 X guāng 엑스레이

X光检查上发现了尖锐物品。
X guāng jiǎnchá shàng fāxiàn le jiānruì wùpǐn.
엑스레이 검사에서 날카로운 물건이 발견되었습니다.

肩 jiān 명 어깨

她肩上背着手提包。
Tā jiān shàng bēizhe shǒutíbāo.
그녀는 어깨에 핸드백을 메고 있습니다.

给予 jǐyǔ 동 주다

请给予他热烈的掌声。
Qǐng jǐyǔ tā rèliè de zhǎngshēng.
그에게 힘찬 박수를 부탁드립니다.

协助 xiézhù 명 동 협조(하다)

大家都多多协助。
Dàjiā dōu duōduō xiézhù.
모두들 많은 협조 부탁드립니다.

配合 pèihé 동 협력하다, 호응하다

为了乘客的安全，请配合一下。
Wèile chéngkè de ānquán, qǐng pèihé yíxià.
승객의 안전을 위해 협조 부탁드립니다.

회화 학습하기 2

환승 서비스 Track 12-03

A 我要换乘飞往深圳的飞机。你能帮我吗?
Wǒ yào huànchéng fēi wǎng Shēnzhèn de fēijī. Nǐ néng bāng wǒ ma?

B 您带了连接航班的登机牌吗?
Nín dài le liánjiē hángbān de dēngjīpái ma?

A 我没带。
Wǒ méi dài.

B 那，请到换乘柜台办理登机手续。
Nà, qǐng dào huànchéng guìtái bànlǐ dēngjī shǒuxù.

A 换乘柜台在哪儿[3]?
Huànchéng guìtái zài nǎr?

B 在2楼。
Zài èr lóu.

환승 카운터에서 탑승 수속을 마친 후

C 您先通过自动传送门，然后[4]在3楼的登机口登机。
Nín xiān tōngguò zìdòng chuánsòngmén, ránhòu zài sān lóu de dēngjīkǒu dēngjī.
登机前需要进行安检。
Dēngjī qián xūyào jìnxíng ānjiǎn.

A 我明白了，谢谢。
Wǒ míngbai le, xièxie.

단어 익히기 2

Track 12-04

换乘 huànchéng 동 갈아타다, 환승하다

你在哪儿换乘?
Nǐ zài nǎr huànchéng?
어디에서 환승하십니까?

连接 liánjiē 동 연결하다

连接北京和上海的高铁已经开通了。
Liánjiē Běijīng hé Shànghǎi de gāotiě yǐjīng kāitōng le.
베이징과 상하이를 연결하는 고속철도는 이미 개통되었습니다.

柜台 guìtái 명 카운터, 데스크

您可以在服务柜台询问。
Nín kěyǐ zài fúwù guìtái xúnwèn.
서비스 데스크에서 문의가 가능합니다.

楼 lóu 명 층, 건물

会议室在几楼?
Huìyìshì zài jǐ lóu?
회의실은 몇 층에 있습니까?

自动传送门 zìdòng chuánsòngmén 명 자동 환승 게이트

通过自动传送门可以迅速转机。
Tōngguò zìdòng chuánsòngmén kěyǐ xùnsù zhuǎnjī.
자동 환승 게이트를 통해 신속하게 환승할 수 있습니다.

安检 ānjiǎn 명 안전검사, 보안 검색

他是机场安检人员。
Tā shì jīchǎng ānjiǎn rényuán.
그는 공항 보안 검색 요원입니다.

표현 들여다보기

1 수량사 一下

一下는 '한번 ~하다, 좀 ~하다'라는 뜻으로, 동사 뒤에 놓여 문장의 의미를 좀 더 가볍게 만듭니다. 일부 동사를 중첩해도 같은 역할을 하는데, 1음절 동사는 'AA', 또는 'A一A'로, 2음절 동사는 'ABAB' 형식으로 중첩합니다. 예를 들면 看 kàn은 看看 kànkan으로, 打扫 dǎsǎo는 打扫打扫 dǎsǎo dǎsǎo로 중첩하며 각각 '한번 보다', '청소를 좀 하다'라는 의미를 나타냅니다.

把你的行李检查一下。 짐을 한번 검사 받으십시오.
Bǎ nǐ de xíngli jiǎnchá yíxià.

请数一下零钱。 잔돈을 한번 세어 보세요.
Qǐng shǔ yíxià língqián.

你来数数一共几个人。 총 몇 명인지 당신이 좀 세어 보세요.
Nǐ lái shǔshu yígòng jǐ ge rén.

2 随身物品

随身物品은 '소지품'이라는 뜻입니다. '맡기다, 따르다'의 뜻을 가진 随와 '몸'을 뜻하는 身이 결합하여 '몸에 지니다, 휴대하다'라는 뜻의 随身이 되고, 여기에 '물품'을 뜻하는 物品이 더해진 표현입니다.

这是我的随身物品。 이것은 저의 소지품입니다.
Zhè shì wǒ de suíshēn wùpǐn.

安检时，请您取下所有的随身物品。
Ānjiǎn shí, qǐng nín qǔxià suǒyǒu de suíshēn wùpǐn.
안전 검사 시에는 모든 소지품을 내려놓으십시오.

所有的行李放在篮子里，包括随身物品。
Suǒyǒu de xíngli fàng zài lánzi li, bāokuò suíshēn wùpǐn.
소지품을 포함한 모든 짐은 바구니 안에 넣어 주십시오.

3 의문대사 哪儿

'어디'라는 뜻의 의문대사입니다. 위치를 묻는 표현에 쓰이며, 哪儿 대신 哪里를 사용할 수 있습니다.

换乘柜台在哪儿? 환승 카운터는 어디에 있습니까?
Huànchéng guìtái zài nǎr?

售票柜台在哪儿? 티켓 카운터는 어디에 있습니까?
Shòupiào guìtái zài nǎr?

最近的便利店在哪里? 가장 가까운 편의점은 어디에 있습니까?
Zuì jìn de biànlìdiàn zài nǎlǐ?

4 先……，然后……

然后는 '~한 후에'라는 뜻을 가진 접속사로, 보통 앞에 '먼저, 우선'이라는 뜻의 先 xiān 또는 首先 shǒuxiān과 함께 쓰여 동작의 순서를 나타냅니다. '먼저 ~하고, 그 다음에 ~하다'라고 해석할 수 있습니다.

您先通过自动传送门，然后在3楼的登机口登机。
Nín xiān tōngguò zìdòng chuánsòngmén, ránhòu zài sān lóu de dēngjīkǒu dēngjī.
우선 자동 환승 게이트를 통과하시고, 그 다음에 3층의 탑승구에서 탑승하십시오.

你先休息一下，然后重新开始。 먼저 좀 쉬었다가, 그 다음에 다시 시작하세요.
Nǐ xiān xiūxi yíxià, ránhòu chóngxīn kāishǐ.

穿救生衣时，先带子扣好，然后打开充气阀门。
Chuān jiùshēngyī shí, xiān dàizi kòuhǎo, ránhòu dǎkāi chōngqì fámén.
구명의를 착용하실 때에는 먼저 벨트를 채운 후에 팽창밸브를 작동하십시오.

실력 향상하기

1 녹음을 듣고 그림에 맞게 A, B, C를 써 넣어 보세요. Track 12-05

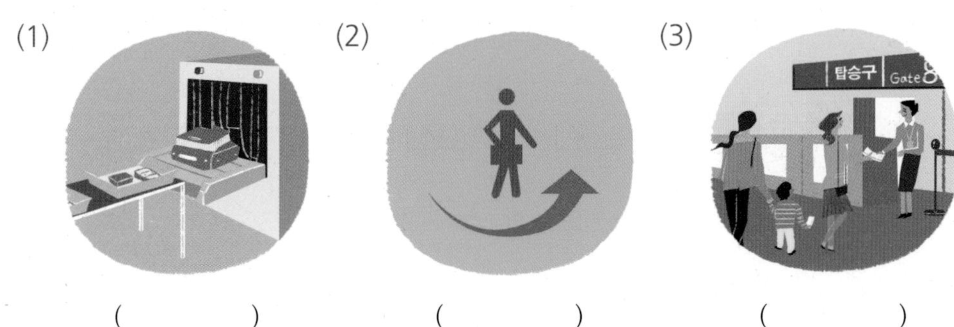

(1) (　　　)　(2) (　　　)　(3) (　　　)

2 녹음을 듣고 내용과 일치하면 O, 일치하지 않으면 X를 표시해 보세요. Track 12-06

(1) 大家都多多协助。 (　　)

(2) 您带了连接航班的登机牌吗? (　　)

(3) 为了乘客的安全，请配合一下。 (　　)

3 빈칸에 들어갈 알맞은 단어를 골라 문장을 완성해 보세요.

然后　一下　哪儿　随身

(1) 请数______零钱。

(2) 安检时，请您取下所有的______物品。

(3) 穿救生衣时，先带子扣好，______打开充气阀门。

(4) 售票柜台在______?

4 다음 문장을 중국어로 바꿔 보세요.

(1) 저는 신고해야 하는 물건을 지니지 않았습니다.

→ ______________________________

(2) 연결편 비행기의 탑승권을 가지고 계십니까?

→ ______________________________

(3) 탑승 전에 안전 검사가 필요합니다.

→ ______________________________

5 다음 상황에 어울리도록 대화를 완성해 보세요.

(1) 

A: ______________________________

B: 这个也要检查吗？是我的随身物品。

(2) 

A: ______________________________

B: 在2楼。

확장 표현 더하기

 **세관 신고서에 면세 허용 범위 초과라고 적으셨는데, 무엇을 구매하셨습니까?**

您在海关申报单上填写了免税品超出允许范围，您购买什么了?

Nín zài hǎiguān shēnbàodān shàng tiánxiě le miǎnshuìpǐn chāochū yǔnxǔ fànwéi, nín gòumǎi shénme le?

세관 신고서에 자진해서 면세 허용 범위 초과 물품을 신고하면 세금을 감면해 주는 경우도 있습니다. 하지만 고의로 신고하지 않고 반입하다 적발되는 경우 벌금을 내야 합니다.

세관 신고서를 작성하지 않으셨습니다. 저쪽에 비치된 신고서를 작성해 주세요.

您没填写海关申报单。请填写那边的申报单。

Nín méi tiánxiě hǎiguān shēnbàodān. Qǐng tiánxiě nàbiān de shēnbàodān.

기내에서 세관 신고서 작성하는 것을 깜빡했더라도 당황하지 마세요. 공항 내에도 세관 신고서가 비치되어 있고 작성을 위한 공간도 마련되어 있어 하기 후 공항에서의 작성도 가능합니다.

이 가방은 반드시 엑스레이 검사를 받아야 합니다.

这个包必须接受X光检查。

Zhège bāo bìxū jiēshòu X guāng jiǎnchá.

위탁 수하물로 도착한 짐 중 음악이 흘러나오는 자물쇠가 채워져 나오는 경우가 있습니다. 이럴 때에는 반드시 엑스레이 검사를 받거나 가방을 열어 내용물 검사를 받아야 합니다.

Track 12-07

세관 검사 및 세관 신고서 작성 관련

申报物品 shēnbào wùpǐn	신고 물품	旅行期间 lǚxíng qījiān	여행 기간
禁止物品 jìnzhǐ wùpǐn	금지 물품	旅行目的 lǚxíng mùdì	여행 목적
检疫对象物品 jiǎnyì duìxiàng wùpǐn	검역 대상 물품	随行家属 suíxíng jiāshǔ	동반 가족
携带物品检查 xiédài wùpǐn jiǎnchá	휴대품 검사	访问国家 fǎngwèn guójiā	방문 국가
不据实申报 bú jù shí shēnbào	허위 신고	免税范围 miǎnshuì fànwéi	면세 범위
填写 tiánxiě	작성(하다)	品名 pǐnmíng	품명
提交 tíjiāo	제출(하다)	价格 jiàgé	가격
限制 xiànzhì	제한(하다)	记载栏 jìzǎilán	기재란
携带 xiédài	휴대(하다)	海关官员 hǎiguān guānyuán	세관 공무원
超过 chāoguò	초과(하다)	注意事项 zhùyì shìxiàng	유의 사항
监督 jiāndū	감독(하다)	通关 tōngguān	통관

지루한 비행 시간을 풍요롭게!

기내 전자 기기 사용 안내

장거리 비행을 하면 한정된 공간에서 긴 시간을 보내는 것이 곤욕스럽게 느껴지기도 합니다. 만약 비행기에 전자 기기를 가지고 탑승한다면 이 시간을 이용해 밀린 일을 처리하거나 못다한 공부를 하며 지루함을 조금은 달랠 수 있습니다.

기내에서의 전자 기기 사용은 몇 가지 주의할 점이 있습니다. 예를 들어 노트북은 무선랜카드의 전원을 끈 후 사용할 수 있습니다. 또 휴대전화나 태블릿 PC는 비행모드로 전환 후 사용 가능합니다. 전파를 이용한 기능을 차단한 후 사용하는 것이 핵심이죠. 최근에는 전자책을 이용하는 승객들도 많은데요. 종이책보다 부피가 작고 기계 안에 여러 권의 책을 담을 수 있다는 장점이 있습니다.

단, 항공기 이착륙 시에는 전자 기기 사용을 자제하는 것이 좋습니다. 모든 전자 기기는 전파를 발생시키고 이러한 전파가 혼선을 일으켜 관제탑과의 통신 장애, 항공기 항법장치 오작동 등 항공기 안전에 위협이 되는 상황으로 이어질 수 있기 때문입니다. 특히 휴대전화는 지상의 가까운 송신소를 찾기 위해 강한 전파를 발생시키기 때문에 반드시 이착륙 전 비행모드로의 전환이 필요합니다. 안전한 비행을 위해 승무원의 안내에 적극 협조해 주세요.

참! 항공기에 따라 전자 기기 충전을 위한 케이블을 제공하는 경우도 있고, 그렇지 않은 경우도 있습니다. 이를 대비해 보조 배터리를 준비하는 것이 좋습니다. 이때 반입 가능한 보조 배터리의 개수와 용량 등이 항공사마다 조금씩 다르게 규정되어 있으므로 탑승 전 체크하는 것 잊지 마시고요!

해석 및 모범 답안

CHAPTER 01

회화 학습하기 ①

항공권 구매

A 안녕하세요! 3월 5일 상하이로 가는 비행기표를 예약하려고 합니다.

B 안녕하세요! 왕복 항공권으로 예약 원하시나요?

A 아니오. 편도를 원합니다.

B 네. 어느 클래스의 좌석으로 예약해 드릴까요?

A 일반석으로 구매하려고 합니다.

B 여권을 제시해 주십시오.

B 3월 5일 상하이행 SC5123 항공편으로 예약해 드렸습니다.

A 감사합니다.

회화 학습하기 ②

발권 및 좌석 지정

A 실례합니다. 신춘항공 탑승 수속을 여기서 하는 거 맞나요?

B 안녕하세요! 맞습니다. 여권과 탑승권을 제시해주십시오.

A 네. 창가 쪽 좌석에 앉을 수 있을까요?

B 가능합니다. 창가 쪽 좌석으로 배정해 드리겠습니다.

B 탑승 수속이 모두 처리되었습니다.
고객님의 항공편은 인천에서 상하이로 가는 SC5123편입니다. 탑승구는 제2터미널 130번이고, 탑승 시간은 9시 5분입니다. 8시 40분에 탑승을 시작하니, 시간에 맞춰 탑승하시기 바랍니다.

실력 향상하기

1 (1) C (2) A (3) B

녹음 대본

A 请出示您的护照和机票。

B 我帮您安排窗口位。

C 登机口在第二航站楼130号。

2 (1) × (2) O (3) ×

녹음 대본

(1) 您的座位在公务舱最后一排。

(2) 我已经预订好了机票。

(3) 国内航线要去第二航站楼。

3 (1) 飞往 (2) 窗口
(3) 好 (4) 准时

4 (1) 我要预订3月5号飞往上海的机票。
(2) 请出示您的护照和机票。
(3) 登机手续都办好了。

5 (1) 不是。我只要订单程机票。
(2) 我要买经济舱的机票。

CHAPTER 02

회화 학습하기 ①

초과 수하물 요금 안내

A 안녕하세요! 탁송하실 짐이 있으십니까?

B 캐리어 하나를 탁송하려고 합니다.

A 위로 올려 주십시오.

B 이 짐 가방은 기내에 가지고 탈 수 있겠죠?

A 죄송합니다. 저 짐 가방도 기내에 들고 탈 수 있는 기준을 초과하였기 때문에 두 개 모두 탁송하셔야 합니다.

B 네. 알겠습니다.

A 각 짐이 23kg을 초과하면 안 됩니다. 200위안을 내셔야 합니다.

B 그래요? 그럼 현금으로 지불하겠습니다.

회화 학습하기 2

운송 제한 품목 안내

A 여행 트렁크 안에 라이터나 리튬전지가 들어간 전자기기가 있나요?

B 네. 트렁크 안에 보조 배터리가 들어 있어요.

A 저희 항공사 규정에 의하면 보조 배터리는 탁송하실 수 없습니다.

B 그럼 어떻게 해야 하나요?

A 꺼내서 기내 수하물로 가지고 타셔야 합니다.

B 아, 그래요?

A 보조 배터리 이외에 다른 짐은 모두 부쳐 주십시오.

B 알겠습니다.

실력 향상하기

1 (1) B (2) A (3) C

녹음 대본

A 箱子里有备用电池。

B 两个行李箱都要托运的。

C 各件不能超过23公斤。

2 (1) × (2) O (3) ×

녹음 대본

(1) 这件行李太大了，应该要托运。

(2) 应该按照标准来处理。

(3) 这种电池可以充电。

3 (1) 把 (2) 规定
(3) 除了 (4) 根据

4 (1) 您的行李箱里有打火机吗？
(2) 这个小行李箱能带上飞机吧？
(3) 那我要用现金支付。

5 (1) 我要托运一个行李箱。
(2) 备用电池不能托运。

CHAPTER 03

회화 학습하기 1

출국 심사

A 손님, 이쪽의 자동 출국 심사대를 사용하시면 더욱 편리합니다.

B 아이를 데리고 함께 수속할 수 있나요?

A 네. 이쪽으로 오십시오.

C 안녕하세요. 여권과 탑승권을 제시해 주십시오. 어디로 여행 가십니까?

B 저는 중국 상하이에서 5일 머무릅니다.

C 중국 비자가 있으십니까?

B 이미 발급받았습니다.

회화 학습하기 2

공항 보안 검색

A 모든 짐을 바구니에 넣어 주세요. 주머니 안의 물건들도요.

B 네.

A 노트북도 바구니 안에 넣어 주세요. 그리고 외투와 신발을 벗어 주시고요. 두 팔을 벌리고, 뒤로 돌아서 주세요.

A 실례지만 짐을 좀 열어 봐도 될까요?

B 네. 무슨 문제 있나요?

A 일부 물건들을 직접 확인해 봐야 해서요. 협조 감사합니다.

실력 향상하기

1 (1) C (2) B (3) A

녹음 대본

A 您的笔记本电脑也需要放入篮子里。

B 请脱掉外套和鞋子。

C 您利用这边的自助查验更方便。

2 (1) × (2) × (3) O

녹음 대본

(1) 入境中国时必须要办签证。

(2) 在韩国旅游的外国人增加了。

(3) 我们对您的合作表示感谢。

3 (1) 更 (2) 请
(3) 掉 (4) 有些

4 (1) 您有中国签证吗?
(2) 请张开双臂。请转身。
(3) 谢谢您的合作。

5 (1) 我可以带小孩儿一起手续吗?
(2) 麻烦您，我可以打开行李吗?

CHAPTER 04

회화 학습하기 1

면세품 소개

A 어서오십시오!

B 안녕하세요. 저는 여성용 스킨과 에센스를 사고 싶습니다.

A 여성분의 연령이 어떻게 되시나요? 피부 타입은 어떤가요?

B 30대이고 건성 피부입니다.

A 이 에센스를 추천해 드릴게요. 높은 보습 성분을 가지고 있어요.

B 네. 그리고 어떤 브랜드의 향수가 인기가 있나요?

A 이 향수는 새로 나온 건데, 인기가 많습니다. 한번 테스트해 보세요.

B 괜찮네요. 향이 좋군요. 모두 사겠습니다.

회화 학습하기 2

면세품 결제 안내

A 손님, 어떻게 결제하시겠습니까?

B 신용카드로 하겠습니다.

A 면세점 회원 카드가 있으십니까? 할인 도와드리겠습니다.

B VIP 카드 있습니다.

A VIP 회원은 10% 할인되어 모두 352달러, 한화로 366,080원입니다. 여권과 비행기표, 회원 카드를 제시해 주십시오.

B 네.

A 서명 패드에 서명 부탁드립니다.

실력 향상하기

1 (1) A (2) C (3) B

녹음 대본

A 这瓶香水是新上市的。

B 请您在签名板上签一下字。

C 这种牌子受很多人的欢迎。

2 (1) O (2) × (3) O

녹음 대본

(1) 我最喜欢这个牌子。

(2) 你要办会员卡吗?

(3) 现在进行折扣活动。

3 (1) 受 (2) 试试
(3) 怎么 (4) 打

4 (1) 她的年龄是多少?
(2) 金卡会员可以打9折。
(3) 您有免税店会员卡吗?

5 (1) 哪种牌子的香水受欢迎?
(2) 我要用信用卡。

CHAPTER
05

회화 학습하기 ①

면세품 수령 안내

A 실례합니다. 온라인으로 구매한 면세품을 여기에서 수령하는 건가요?

B 맞습니다. 여권을 제시해 주세요.

A 여기 있습니다.

C 모두 두 개 상품 구매하신 것 맞나요?
이니스프리 립스틱 한 개, 네이처리퍼블릭 마스크팩 한 세트, 이렇게 두 종류입니다. 확인해 주세요.

A 확인했습니다.

C 영수증 드리겠습니다.

회화 학습하기 ②

액체류 개봉 금지 안내

A 손님, 목적지가 어디십니까?

B 저는 하와이에 가는데, 상하이에서 비행기를 갈아탑니다.

A 하와이에 도착하기 전에 밀봉 포장을 열지 마시기 바랍니다.

B 비행기 안에서 이것을 사용하려고 하는데, 열면 안 되나요?

A 안 됩니다. 액체류는 반드시 최종 목적지까지 밀봉 상태를 유지해야 합니다.

B 그럼 액체류 이외에 다른 물건은 열어도 됩니까?

A 가능합니다. 협조 감사합니다.

실력 향상하기

1 (1) B (2) A (3) C

녹음 대본

A 一支口红，一套面膜，共两种。
B 您一共买了三个商品，对吗?
C 液体类必须保持密封状态。

2 (1) × (2) × (3) O

녹음 대본

(1) 网上购买的东西已到了。
(2) 这个容器里面不能放液体类。
(3) 这商品的质量很好。

3 (1) 一共 (2) 支
(3) 不要 (4) 目的地

4 (1) 我把发票给您。
(2) 您的目的地是哪里?
(3) 请不要打开密封包装。

5 (1) 不可以打开吗?
(2) 网上购买的免税品在这里领取吗?

CHAPTER
06

회화 학습하기 ①

탑승 안내

A 탑승을 환영합니다. 이 비행기는 인천에서 베이징으로 가는 SC5128 항공편입니다.

B 안녕하세요!

A 좌석 번호 확인 도와드리겠습니다. 탑승권을 보여 주십시오.

B 네.

A 손님 좌석 번호는 31열 C좌석입니다. 이쪽 통로로 가십시오.

B 제 자리는 뒤쪽인가요?

A 아닙니다. 손님 좌석은 일반석의 가장 첫 열입니다. 머리 위 선반 아래의 좌석 번호를 확인해 주시기 바랍니다.

B 네. 감사합니다.

회화 학습하기 2

기내 좌석 안내

A 안녕하세요. 손님 좌석은 통로 쪽 좌석입니다.

B 안녕하세요. 저는 창가 쪽 좌석에 앉고 싶은데요. 지금 자리를 바꿀 수 있나요?

A 오늘 저희 비행기가 거의 만석입니다. 만약 빈 좌석이 있으면 자리를 바꿔 드리겠습니다.

B 네. 알겠습니다.

....

A 손님, 뒤쪽에 창가 쪽 좌석이 있는데 자리를 바꾸시겠습니까?

B 네. 감사합니다.

A 짐을 잘 챙겨 주세요. 따라오십시오.

실력 향상하기

1 (1) C (2) A (3) B

녹음 대본

A 请这边通道走。

B 今天我们的飞机差不多满客了。

C 我帮您确认您的座位号码。

2 (1) × (2) O (3) O

녹음 대본

(1) 救生衣在您座位下方。

(2) 差不多等了两个小时。

(3) 餐厅里还有很多空座位。

3 (1) 架 (2) 排
(3) 通道 (4) 带

4 (1) 请您确认行李架下方的座位号码。
(2) 我现在可不可以换座位?
(3) 如果有空座位的话，我帮您换座位。

5 (1) 您的座位是普通舱第一排。
(2) 您要换座位吗?

CHAPTER 07

회화 학습하기 1

수하물 보관 안내

A 손님, 짐을 선반 위로 올리는 것을 도와드릴까요?

B 제가 자주 사용하는 물건들이 가방에 있는데, 여기에 두면 안 될까요?

A 죄송합니다. 긴급 상황 시 탈출에 방해가 될 수 있어 통로에는 짐을 둘 수가 없습니다.

B 아, 알겠습니다.

A 양해 고맙습니다. 이 안에 술병이나 깨지기 쉬운 물건이 들어 있나요?

B 가방 안에 술이 한 병 있습니다.

A 그럼, 짐을 의자 아래에 놓아 주시기 바랍니다.

B 네. 감사합니다.

회화 학습하기 2

승객 좌석 안전 검사

A 손님, 우리 비행기가 곧 이륙할 예정이오니 안전벨트를 착용해 주세요.

B 네. 그런데 저희 아이는 어떻게 하죠?

A 유아용 안전벨트를 준비했습니다. 아이를 안은 채로 손님의 안전벨트 위에 고정시키고, 아이에게 안전벨트를 채우시면 됩니다.

B 네. 감사합니다.

A 손님, 의자 등받이를 바로 세워 주시기 바랍니다. 손님, 죄송하지만 휴대전화를 비행모드로 바꿔 주십시오. 협조 감사드립니다.

실력 향상하기

1 (1) A (2) C (3) B

녹음 대본

A 我帮您把行李放到行李架上，好吗?

B 我们的飞机马上就要起飞了。

C 这里面有没有容易碎的物品?

2 (1) × (2) O (3) O

녹음 대본

(1) 发生紧急情况时，不要着急。

(2) 天气不好，飞机不能起飞。

(3) 每个人都要系好安全带。

3 (1) 不能 (2) 妨碍
(3) 就要 (4) 着

4 (1) 请把您的行李放在您的座位下面。
(2) 为了后面的旅客，请调直靠背。
(3) 请把你的手机调到飞行模式。

5 (1) 通道上不能放行李。
(2) 我为您准备了婴儿安全带。

CHAPTER 08

회화 학습하기 1

식사 메뉴 안내 및 음료 서비스

A 손님을 위해 닭고기덮밥과 소고기면이 준비되어 있습니다. 어떤 것을 드시겠습니까?

B 두 가지 모두 안 매운가요?

A 네.

B 그럼 닭고기덮밥 하나 주세요.

A 네, 맛있게 드십시오. 음료는 어떤 것으로 하시겠어요?

B 어떤 것이 있나요?

A 콜라, 과일주스, 맥주, 생수가 있고, 따뜻한 음료는 커피와 녹차가 있습니다.

B 얼음 넣은 콜라 한 잔 주세요.

회화 학습하기 2

대체 식사 추천

A 죄송하지만 현재 소고기면만 남아 있습니다. 괜찮으신가요?

B 소고기면 말고 다른 것은 없나요?

A 죄송합니다. 소고기면도 매우 맛있습니다. 한번 드셔 보세요.

B 그럼 좋습니다. 그런데 면으로는 조금 부족한 것 같아요.

A 손님, 그럼 손님을 위해 과일과 빵을 더 준비해 드리면 어떨까요?

B 좋아요.

A 여기 소고기면과 과일, 빵입니다. 맛있게 드십시오.

B 감사합니다.

실력 향상하기

1 (1) C (2) A (3) B

녹음 대본

A 我要一杯加冰的可乐。

B 这是牛肉面、水果和面包。请慢用。

C 我觉得面条有点不够。

2 (1) O (2) × (3) ×

녹음 대본

(1) 我觉得机内有点干燥。

(2) 喝绿茶对身体很好。

(3) 夏天喝一瓶啤酒好爽阿！

3 (1) 用 (2) 哪
(3) 只 (4) 有点

4 (1) 您喝点什么饮料？
(2) 现在只剩下了牛肉面。
(3) 我再为您准备些水果和面包。

5 (1) 我们有可乐、果汁、啤酒和矿泉水。
(2) 给我一份鸡肉饭吧。

CHAPTER 09

회화 학습하기 ①

입국 신고서 배포

A 실례합니다. 상하이에 가십니까?
B 아닙니다. 상하이를 경유하여 하와이로 갑니다.
A 그러십니까? 그럼 입국 신고서를 쓰실 필요 없습니다.
B 네. 감사합니다.

A 손님, 단체 관광객이십니까?
C 네.
A 단체 비자를 받으셨습니까, 개인 비자를 받으셨습니까?
C 단체 비자를 받았습니다.
A 그러면 입국 신고서를 쓰실 필요 없습니다. 개인 비자일 경우에는 반드시 써야 합니다.

회화 학습하기 ②

입국 서류 작성 안내

A 손님, 한국으로 입국하실 때 입국 신고서와 건강 상태 질문서, 세관 신고서는 반드시 작성해야 합니다. 세관 신고서는 한 가족당 한 장만 작성하시면 됩니다.
B 저는 외국인 등록증이 있습니다.
A 그렇다면 입국 신고서는 작성하실 필요 없고, 건강 상태 질문서와 세관 신고서만 작성하시면 됩니다.
B 신고할 물건이 없는데, 세관 신고서를 작성해야 하나요?
A 신고할 물건이 없어도 작성하셔야 합니다.
B 네, 알겠습니다. 중문으로 써도 되나요?
A 죄송하지만, 영문 대문자로 작성해 주십시오.

실력 향상하기

1 (1) A　(2) C　(3) B

녹음 대본

A 我去北京团体旅游了。
B 这只动物需要检疫。
C 海关申报单一家人写一张就可以了。

2 (1) O　(2) O　(3) ×

녹음 대본

(1) 宝宝也需要填写入境卡。
(2) 你不用给他打电话。
(3) 我们办了团体签证。

3 (1) 转机　(2) 不用
(3) 虽然　(4) 登陆证

4 (1) 你们是团体的吗?
(2) 你们办了团体签证还是个人签证?
(3) 虽然你没有申报的东西，还是要填写。

5 (1) 请问，您到上海，对吗?
(2) 您要用英文大写填写。

CHAPTER 10

회화 학습하기 ①

도착지 정보 안내

A 손님, 우리는 대략 오후 1시 50분 정도에 상하이 푸동 국제공항에 도착할 예정입니다.
B 지금 몇 시인가요?
A 현재는 한국 시각으로 오후 2시 20분이고, 베이징 현지 시각으로 오후 1시 20분입니다.
한국과 중국은 한 시간의 시차가 있습니다.
B 아, 알겠습니다. 감사합니다.
A 그리고 상하이의 지면 온도는 섭씨 8도, 화씨 46도입니다.
B 일기 예보에서 상하이에 비가 올 거라고 하던데요.

A 현재 온도가 약간 낮습니다. 그런데 비는 안 옵니다.

B 감사합니다. 알겠습니다.

회화 학습하기 2

착륙 후 좌석 대기 및 하기

A 손님, 비행기가 현재 활주하고 있으니, 안전을 위해서 자리에 앉아 안전벨트를 착용해 주시기 바랍니다.

B 항공편이 연착되어서 연결편 비행기를 놓칠까 봐 걱정됩니다.

A 죄송합니다. 활주 시에 서 계시면 위험합니다.
비행기가 완전히 멈춘 후 먼저 내리시도록 도와드리겠습니다.

A 비행기가 완전히 멈추었습니다. 휴대하신 물건을 잊지 마십시오.

B 아, 감사합니다! 하마터면 휴대전화 가져가는 것을 잊을 뻔했네요.

A 즐거운 여행 되시길 바랍니다. 안녕히 가십시오.

B 수고하십시오. 감사합니다.

실력 향상하기

1 (1) B (2) C (3) A

녹음 대본

A 祝您旅途愉快。再见。

B 我怕赶不上联机。

C 请在座位上坐好并系好安全带。

2 (1) × (2) × (3) O

녹음 대본

(1) 现在教室内的温度太高了。

(2) 地铁完全停稳后门打开了。

(3) 飞机在跑道上开始滑行。

3 (1) 左右 (2) 温度
(3) 赶不上 (4) 差点

4 (1) 请您不要忘带随身物品。
(2) 滑行时站起来的话，很危险。
(3) 我差点忘带了手机。

5 (1) 韩国和中国有一个小时的时差。
(2) 现在温度有点低，但是没有下雨。

CHAPTER 11

회화 학습하기 1

손상 수하물 배상 안내

A 실례합니다. 방금 제 위탁 수하물을 수령했는데, 제 짐이 파손되었습니다.

B 안녕하세요. 짐을 받았을 때 이미 이렇게 손상되어 있었나요?

A 네. 어떻게 처리해야 하나요?

B 해당 항공사 직원을 부르겠습니다.

C 손님, 우선 불편을 드려 매우 죄송합니다.
우선 위탁 수하물 서비스 서류를 작성해 주세요.

B 배상받을 수 있나요?

C 우선 수리할 수 있는지 확인해 보겠습니다. 만약에 수리가 불가능하다면 동급의 상품으로 배상해 드리겠습니다. 다시 한번 사과의 뜻을 표합니다.

회화 학습하기 2

분실 수하물 수취 안내

A 안녕하세요. 제 위탁 수하물이 아직 도착하지 않은 것 같아요. 신춘항공 SC5123 항편의 수하물이 모두 나온 건가요?

B 안녕하세요. 수하물 표가 있나요? 확인해 보겠습니다.

A 찾을 수 있나요?

B 저희가 위탁 수하물 관리 시스템을 통해서 최대한 빨리 찾아 드리도록 하겠습니다.
우선 이 양식에 짐 가방의 브랜드, 외관의 특징, 안에 들어 있는 물건, 연락처를 적어 주십시오.

A 그럼 저는 오늘 우선 집으로 돌아가야 하겠네요?

B 네. 불편을 드려 매우 죄송합니다. 상황을 확인 후 가능한 한 빨리 연락 드리겠습니다.

실력 향상하기

1 (1) A (2) C (3) B

녹음 대본

A 我的行李破损了。

B 很抱歉给您添麻烦了。

C 衣服有破洞，要修补的。

2 (1) × (2) O (3) O

녹음 대본

(1) 他的行李箱外观有破损。

(2) 我打算明天去邮局领取邮件。

(3) 这种表格怎么填写?

3 (1) 抱歉 (2) 好像
(3) 尽快 (4) 得

4 (1) 请您填写托运行李服务单子。
(2) 新春航空SC5123航班的行李都出来了吗?
(3) 确认情况后，尽快联系您。

5 (1) 已经破损成这样了吗?
(2) 有行李票吗? 我来确认一下。

CHAPTER 12

회화 학습하기 1

세관 검사

A 안녕하세요. 엑스레이 검사대로 가셔서 짐을 한번 검사 받으십시오. 어깨에 메고 계신 가방도 검사해야 합니다.

B 이것도 검사해야 하나요? 이것은 제 소지품인데요.

A 그렇습니다. 협조해 주십시오.

C 가방을 열어 봐도 됩니까?

B 네. 저는 신고해야 하는 물건을 지니지 않았습니다.

C 확인했습니다. 협조 감사합니다.

회화 학습하기 2

환승 서비스

A 저는 선전으로 가는 비행기로 환승해야 하는데요. 좀 도와주실 수 있습니까?

B 연결편 비행기의 탑승권을 가지고 계십니까?

A 없습니다.

B 그럼 환승 카운터에 가셔서 탑승 수속을 하십시오.

A 환승 카운터는 어디에 있습니까?

B 2층에 있습니다.

C 우선 자동 환승 게이트를 통과한 후, 3층의 탑승구에서 탑승하십시오. 탑승 전에 안전 검사가 필요합니다.

A 알겠습니다. 감사합니다.

실력 향상하기

1 (1) A (2) B (3) C

녹음 대본

A 去X光检查台，把你的行李检查一下。

B 我要换乘飞往深圳的飞机。

C 您在3楼的登机口登机。

2 (1) O (2) O (3) O

녹음 대본

(1) 大家都多多协助。

(2) 您带了连接航班的登机牌吗?

(3) 为了乘客的安全，请配合一下。

3 (1) 一下 (2) 随身

(3) 然后 (4) 哪儿

4 (1) 我没带要申报的物品。

(2) 您带了连接航班的登机牌吗?

(3) 登机前需要进行安检。

5 (1) 肩上的包也要检查的。

(2) 换乘柜台在哪儿?

다락원 홈페이지와 콜롬북스 APP에서
MP3 파일 다운로드 및 실시간 재생 서비스

관광중국어마스터

공항종사자·면세점종사자편

지은이 김정은, 윤승희, 이지민
펴낸이 정규도
펴낸곳 (주)다락원

초판 1쇄 발행 2019년 6월 20일

기획·편집 김혜민, 정다솔, 이상윤
디자인 구수정, 최영란
일러스트 박지연
녹음 중국어 차오홍메이(曹红梅), 피아오롱쥔(朴龙君)
한국어 허강원

다락원 경기도 파주시 문발로 211
전화 (02)736-2031 (내선 250~252 / 내선 430~439)
팩스 (02) 732-2037
출판등록 1977년 9월 16일 제406-2008-000007호

정가 14,000원 (MP3 파일 무료 다운로드 제공)

ISBN 978-89-277-2263-2 14720
978-89-277-2162-8 (set)

www.darakwon.co.kr

다락원 홈페이지를 방문하시면 상세한 출판 정보와 함께 동영상 강좌, MP3 자료 등 다양한 어학 정보를 얻으실 수 있습니다.